Usch Luhn

Geheimnisse auf dem Sternenhof

Mit farbigen Illustrationen
von Elli Bruder

Ravensburger Buchverlag

Bibliografische Information der Deutschen Nationalbibliothek:
Die Deutsche Nationalbibliothek verzeichnet diese Publikation
in der Deutschen Nationalbibliografie. Detaillierte bibliografische
Daten sind im Internet über www.dnb.d-nb.de abrufbar.

Limitierte Sonderausgabe

Diese Sonderausgabe enthält zwei Bände der Serie
»Die frechen Vier«,
erschienen im Ravensburger Buchverlag:
»Mit Sack und Pack ins Abenteuer«
(Band 3, erstmals erschienen 2015),
»Geheimcode: Schnüffelnase« (Band 4, erstmals erschienen 2015).
© 2015, 2017 Ravensburger Buchverlag Otto Maier GmbH
Postfach 18 60, 88188 Ravensburg
Umschlag- und Innenillustrationen: Elli Bruder
Logogestaltung: Sabine Reddig
Lektorat: Linda Borchert

Alle Rechte dieser Ausgabe vorbehalten durch
Ravensburger Buchverlag Otto Maier GmbH

Printed in Germany

ISBN 978-3-473-40706-4

www.ravensburger.de

Inhalt

Mit Sack und Pack ins Abenteuer   11

Geheimcode: Schnüffelnase   129

Inhalt

Gä-ää-äää-ähn!	11
Ein krähender Baum	17
Auf ins Abenteuer!	25
Ein Kopfsprung mit Folgen	33
Alle an Bord	41
Reiseschwein, Apfelschwein, Sauberschwein	47

Potz Blitz und Donnerwetter	58
Eis und Überraschungen	65
Umringt von Spionen	70
Notfall auf vier Hufen	79
Ein Lagerfeuer hat Ohren	84
Ein falscher Weihnachtsmann	92
In den Echohöhlen	99
Zu viel Blablabla und ein Superschwein	106
Schnitzeljagd ins Ferienglück	112
Schätze überall	118

Gä-äää-äää-ähn!

"Hach, ist das schön langweilig hier!" Lille lehnte am Kirschbaum im Obstgarten und streckte wohlig seufzend die Beine von sich. Auf ihren nackten Füßen lag Minischwein Moses und schlief. "Von mir aus könnten die Ferien ewig dauern."

Lille bewegte ihren Arm im Zeitlupentempo nach rechts und griff sich eine Handvoll reifer Kirschen aus einer Schüssel. Sie stopfte sich den Mund voll und kaute genüsslich mit geschlossenen Augen. Danach spuckte sie die Kerne einen nach dem anderen aus.

"Ey, du Ferkel. Pass doch auf!", schrie plötzlich jemand.

Lille öffnete blinzelnd die Augen. Fee stand vor ihr und starrte sie böse an. Auf den ersten Blick sah

es fast so aus, als hätte sie Windpocken. Aber es waren nur die Kirschflecken auf ihrer weißen Haut. Trotz der heißen Sommertage achtete sie immer peinlich genau darauf, keine Sonnenstrahlen abzukriegen.

Vorwurfsvoll wischte sich Fee mit dem Handrücken die Kirschspucke aus dem Gesicht und sagte: „Wenn du noch länger faul herumliegst und Essen in dich hineinstopfst, wirst du genau so eine Fettwampe kriegen wie Moses."

Lille lehnte sich wieder zurück und spuckte den allerletzten Kern in den Himmel. „Obst ist gesund. Und schlafen auch. Und was Moses angeht: Der ist eben ein Schwein. Und Schweine sind nun mal dick. Das ist einfach ihre Bestimmung. Stimmt's, mein Kleiner?"

Moses hob den Kopf und grunzte zustimmend.

Lille nickte zufrieden. Moses war ein besonders schlaues Minischwein. Deshalb war es ihm vor ein paar Wochen auch gelungen, aus Bauer Brims' Schweinestall auszubüxen.

„Aber *deine* Bestimmung ist es nicht, den Rest der Ferien zu verschlafen." Wenn Fee etwas nicht passte, dann ließ sie nicht so schnell locker. „Mir ist jedenfalls ziemlich langweilig." Sie stampfte mit dem Fuß auf. „Und wenn ich Langeweile habe, kriege ich schlechte Laune."

Lille stöhnte laut auf. Fee übertrieb ausnahmsweise mal nicht. Mit ihrer schlechten Laune war echt nicht zu spaßen.

Sie schob Moses behutsam ins Gras und stand auf. „Ist Maja schon wieder bei ihrem geliebten Federvieh?" Sie blinzelte hinüber zum Hühnerstall. „Und wo steckt Karo?"

„Karo ist vorhin mit Schnuppe ausgeritten", antwortete Fee. „Und Maja ist mit Gustav zum Tierarzt geradelt."

Lille machte ein erschrockenes Gesicht. „Zum Tierarzt? Warum denn? Ist Gustav krank?"

Fee zuckte kurz mit den Schultern. „Keine Ahnung. Maja behauptet, er sei heiser. Mir ist aber nichts aufgefallen. Sein lautes Gekrähe ist nervig wie immer."

Lille nickte erleichtert. Das hörte sich zum Glück ja nicht besonders tragisch an. „Und Karo? Müsste sie nicht bald wieder zurück sein?"

„Nee, glaub ich nicht", meinte Fee nur.

„Also gut ..." Lille sah Fee auffordernd an. „Worauf hast du denn Lust?"

Fee schob die Unterlippe vor. „Weiß nicht. Mir ist einfach sterbenslangweilig. So langweilig, dass ich an gar nichts anderes mehr denken kann."

Das war allerdings außergewöhnlich. Fee hatte nämlich sonst doppelt so viel Fantasie wie Lille, Maja und Karo zusammengenommen.

Ein schrecklicher Gedanke schoss Lille durch den Kopf. „Sag mal, Fee ...", begann sie zaghaft, und ihre Stimme klang plötzlich ganz heiser. Sie räusperte sich. „Tut es dir etwa doch leid, dass du nicht zu deiner Mutter nach Spanien gezogen bist, sondern mit deinem Papa hier bei uns auf dem Sternenhof geblieben bist?" Sie wagte es gar nicht, Fee ins Gesicht zu schauen.

„Spinnst du jetzt total?", polterte Fee wütend los. „Was redest du denn da? Mir ist einfach nur langweilig. Zum Gä-ää-äääh-nen langweilig. Drücke ich mich so unklar aus, oder was?"

„Jetzt krieg dich mal wieder ein!", brüllte Lille fröhlich zurück. „Sonst kitzle ich dich so schlimm durch, dass du dir in die Hose pinkelst. Komm, wir schnappen uns Mamas Tandem und machen einen kleinen Ausflug, damit du wieder etwas auf Trab kommst."

Ein krähender Baum

„Leise!", raunte Lille, als sie mit Fee in den Fahrradschuppen schlich. „Wir sagen Mama erst gar nicht Bescheid. Dann kann sie auch nichts dagegen haben."

Fee grinste. Zum ersten Mal an diesem Tag. „Gefällt mir, dein Plan!"

Lilles Mutter schrieb in der Dachkammer ihren ersten Kriminalroman. Wenn man sie dabei störte, konnte sie ziemlich sauer werden. Als Lille sich das Tandem zuletzt ausgeliehen hatte, waren sie zu viert damit im See gelandet. Nur mit Mühe und Not hatten sie diesen kleinen „Zwischenfall" verheimlichen können. Aber heute hatte Lille sowieso nicht vor, einen Ausflug zum Wasser zu machen. Sie wollte lieber in den Wald. Dort war es bei der Hitze nämlich angenehm kühl.

„Also, ab die Post!", befahl Lille und sprang auf den Sattel.

Sie düsten los.

„Wohin fahren wir denn?", fragte Fee und trat kräftig in die Pedale.

„Richtung Hochsitz", antwortete Lille. „Von da aus hat man den allerbesten Ausblick. Vielleicht entdecken wir ja Karo und Schnuppe."

„Wir hätten Faust mitnehmen sollen", sagte Fee nach einer Weile.

„Hä?", machte Lille. „Wieso das denn?"

„Er könnte auch mal ein wenig Abwechslung vertragen. Mittlerweile schläft er sogar mitten in der Nacht und hört mir überhaupt nicht mehr zu, wenn ich ihm etwas vorlese", sagte Fee und runzelte besorgt die Stirn.

„Ich glaube nicht, dass Hamster gern Fahrradausflüge machen", wand Lille ein. „Das wackelt viel zu sehr. Vielleicht will er einfach mal seine Ruhe haben. Oder deine Gedichte gefallen ihm nicht. Denk dir doch zur Abwechslung mal was Lustiges aus."

Fee schrieb hauptsächlich düstere Gedichte. Die las sie am liebsten nachts ihrem Hamster vor.

„Hmm", brummte Fee. „Auch wieder wahr."

„Festhalten!", brüllte Lille in diesem Moment. Sie bremste scharf und riss das Lenkrad herum. Die Mädchen steuerten haarscharf an einer Brombeerhecke vorbei.

„Das war knapp", stöhnte Lille. „Ich habe die Abbiegung kaum wiedererkannt. Alles total zugewachsen hier."

Nach ein paar Metern tauchte der Hochsitz auf. Fee und Lille lehnten das rote Tandem an das Holzgestänge und kletterten am Seil nach oben.

„Wir hätten ein Fernglas mitbringen sollen", sagte Fee und kniff die Augen zusammen. „Aber schau mal dahinten. Ist das nicht Schnuppe?" Sie zeigte in die Richtung, in der sie Karolinas Haflingerstute erspäht hatte.

Im selben Augenblick krähte es laut und durchdringend.

„Was war denn das?", rief Lille erschrocken.

„Der dicke Baum da vorn kräht", erklärte Fee sachlich.

„Hä? Drehst du jetzt durch, oder was?"

Es krähte wieder. Fee hatte Recht – das Geräusch kam aus der großen Birke.

Lille verzog das Gesicht, als ob sie Zahnschmerzen hätte. „Ein Baum, der kräht – das gibt's ja nicht. Wir sind doch nicht im Märchenwald!"

Die Birke wieherte.

„Ah!", kreischte Lille und klammerte sich an Fees Arm fest.

Plötzlich hörten die beiden schnelle Schritte auf dem Waldboden und eine laute Stimme ertönte: „Gustav! Gustav!"

„Maja?", rief Lille überrascht und schaute nach unten. Tatsächlich!

„Hallo, Maja, wie hast du uns gefunden?", wollte Fee wissen.

„Lille! Fee!", rief Maja. „Was macht ihr denn da oben? Habt ihr Gustav gesehen? Der Frechdachs ist ausgebüxt. Onkel Paul ist mit Bonnie hinterher und jetzt ist er auch verschwunden."

Fee ging ein Licht auf. „Ach so! Das ist Gustav da vorn in der Birke. Aber wer ist Bonnie?"

Maja schüttelte ungeduldig ihren blonden Haarschopf. „Na, ein Pferd. Was sonst?"

Der Baum krähte erneut. Maja drehte sich um und schnatterte sofort los: „Gustav! Puttputtputt! Komm zu Maja …"

Aber nicht der Hahn Gustav, sondern ein weiß geflecktes Pferd tauchte hinter der Birke auf. Im Sattel saß Onkel Paul. „Ich habe Gustav gefunden! Er ist in der Birke!", brüllte er.

„Wissen wir!", antworteten Maja, Fee und Lille.

„Na, und warum suche ich dann wie verrückt nach ihm?", fragte Onkel Paul. Er klang ein wenig eingeschnappt.

In diesem Augenblick landete eine Waldohreule auf der Birke und schrie dreimal laut „Schuhuuuu!" Dazu klapperte sie mit ihrem Schnabel wie ein Storch.

„Kikerikiiiii!", protestierte Gustav.

Er breitete seine Flügel aus und segelte hoheitsvoll auf Majas Schulter.

„Da bist du ja!", flötete Maja. „Jetzt aber ab nach Hause mit uns." Sie streichelte zärtlich über seinen Kamm.

Lille und Maja kletterten schnell vom Hochsitz hinunter.

Lille starrte ihren Onkel verwundert an. „Wieso sitzt du auf einem Pferd, das aussieht wie der Gaul von Pippi Langstrumpf?" Neugierig lief sie auf ihren

Onkel zu. Das weiß gefleckte Pferd tänzelte ängstlich ein paar Schritte nach hinten.

„Brrr! Alles gut, Bonnie." Onkel Paul tätschelte beruhigend den Hals der Stute. „Sie ist eigentlich eine ganz Liebe", erklärte er seiner Nichte. „Aber Gustav bringt selbst das entspannteste Pferd auf die Palme. Ich habe Maja unterwegs getroffen und sie mit Vieh und Fahrrad eingeladen. Konnte ja nicht ahnen, dass der olle Hahn so einen Stress machen würde. Ich musste Bonnie abspannen, weil ich mit dem Planwagen nicht durch das Gestrüpp gekommen wäre."

Maja guckte empört. „Gustav ist die Ruhe selbst", verteidigte sie ihren Hahn. „Aber er hat gleich gespürt, dass Bonnie ihn gar nicht mag. Auf so etwas reagiert er ganz sensibel."

Onkel Paul schüttelte den Kopf. „Unsinn. Dein Hahn ist hysterisch. Du musst ihn besser erziehen."

Lille starrte ihren Onkel völlig verständnislos an. „'tschuldigung, aber ich verstehe gerade nur noch Bahnhof. Planwagen? Was für ein Planwagen? Ist dein Auto kaputt, oder was?"

Onkel Paul lächelte geheimnisvoll. „Was es mit

dem Planwagen auf sich hat, erzähle ich euch, wenn wir zurück auf dem Sternenhof sind. Okay? Aber wer Lust hat, kann schon mal ein Stück mit mir mitfahren."

Auf ins Abenteuer!

Onkel Paul lenkte den Planwagen gerade auf den Hof, als Karolina auf Schnuppe über die Felder herbeigetrabt kam.

„Brrr!" Gehorsam blieb Bonnie mit ihrer Fuhre auf dem Hof stehen.

„Juhu!", rief Karolina übermütig und schwenkte einen Cowboyhut. „Was habt ihr denn vor?" Sie näherte sich dem Planwagen im Schritttempo und blieb mit Schnuppe direkt vor Bonnie stehen.

Die zwei Pferde beäugten sich für einen Moment abschätzend, dann schnaubte Schnuppe freundlich. Bonnie senkte den Kopf und berührte mit ihrem Maul zart Schnuppes Hals.

„Prima!", sagte Onkel Paul und ließ die Zügel locker. „Die erste Hürde hätten wir damit bereits genommen. Die beiden können sich ganz offensichtlich gut riechen!"

Lille und Fee kletterten aus dem Planwagen und blieben neben Onkel Paul stehen, während Maja ihren Hahn eilig in den Hühnerstall brachte.

„Tut Gustav gut, dass er mal einen kleinen Dämpfer gekriegt hat", murmelte Fee leise, damit Maja es nicht mitkriegte. „Immer wenn Faust gerade eingeschlafen ist, kräht Gustav ihn wieder aus dem Schlaf. Man könnte denken, er macht das absichtlich."

Karolina rutschte aus dem Sattel und strich Bonnie liebevoll über die Mähne. „Ist das dein Pferd, Onkel Paul?", fragte sie neugierig. „Und wo kommt der Planwagen her?"

Aber Onkel Paul wartete mit seiner Erklärung, bis Maja wieder zurück war.

„Das ist meine Überraschung für euch." Er strahlte über

das ganze Gesicht. „Bevor die Ferien zu Ende gehen, machen wir eine kleine Tour ins Blaue mit dem Planwagen. Bonnie und Schnuppe sind unsere Zugpferde. Ich habe mir extra eine Woche Urlaub genommen. Wer will bei so einem herrlichen Wetter schon in einer stickigen Apotheke stehen und Kopfschmerztabletten verkaufen? Wir können alle zusammen im Planwagen schlafen oder draußen zelten. Wie wir lustig sind." Er lachte Karo an. „Den passenden Hut für unsere Reise hast du ja schon." Dann wandte er sich erwartungsvoll an die vier Mädchen. „Und? Habt ihr Lust?"

Lille, Fee, Maja und Karo kreischten vor Freude los und fielen sich gegenseitig in die Arme.

Doch plötzlich machte Maja ein erschrockenes Gesicht. „Aber wer füttert meine Hühner, wenn wir unterwegs sind?"

Auch Fee runzelte die Stirn. „Ich weiß nicht, ob Faust eine ganze Woche im Planwagen durchhält. Nicht dass er nach der Reise ins Schlaflabor von Majas Mama muss." Sie linste besorgt zu ihrem Zimmerfenster hinauf.

„Ja genau, und was ist mit Moses?", fragte Lille mit ängstlichem Blick. „Wenn ich ihm nicht jeden

Abend beim Einschlafen die Pfote halte, geht gar nichts."

Onkel Paul hob die Hand und rief: „Haltet mal kurz die Luft an! Daran habe ich natürlich längst gedacht und alles bereits mit euren Eltern besprochen. Felix hat nächste Woche keine Aufführungen und übernimmt das Füttern des Federviehs und Moses' Pflege sehr gern. Und Fausts Macken kennt er sowieso in- und auswendig. Eure Tiere sind bei ihm bestens aufgehoben!"

Fee war so stolz auf ihren Vater, dass sie ganz rote Wangen bekam. Felix war Clown und deshalb häufig mit seinem alten VW-Bus unterwegs zu Auftritten. Aber trotzdem vergaß er nie den Gutenachtkuss für Fee, auch wenn er erst mitten in der Nacht nach Hause kam. Fee fand, dass sie den besten Papa der ganzen Welt hatte. Nur schade, dass er mit der besten aller Mamas, mit Fees Mutter, nicht mehr zusammen war.

„Und Schnuppe?", fragte Karolina. „Sie hat doch noch nie einen Planwagen gezogen. Ich weiß wirklich nicht, ob sie das so hopplahopp hinkriegt."

Schnuppe wieherte zustimmend.

„Deshalb habe ich ja Bonnie mitgebracht", sagte Onkel Paul. „Sie ist ein sehr erfahrenes Zugpferd. Schnuppe trabt anfangs erst mal mit und lernt so, wie man einen Karren zieht. Nach einer Weile können sie uns zusammen ziehen oder abwechselnd."

Karolina klatschte in die Hände. „Genial! Darf ich mir den Planwagen mal genauer anschauen?"

Onkel Paul nickte. „Na klar. Ihr könnt gleich die Betten unter euch aufteilen."

Nacheinander kletterten die vier Freundinnen in den Planwagen.

„Und? Wie war dein Ausritt so?", fragte Lille beiläufig.

„Super", antwortete Karo. „Schnuppe ist total gut drauf im Moment."

Fee zeigte auf Karos Cowboyhut. „Und wo ist *der* her?" Sie zog ihn Karo vom Kopf und setzte ihn sich selbst auf.

„Gib her!", rief Karo empört und eroberte sich den Hut zurück. „Hat mir Tom vor seinem Urlaub geliehen", antwortete sie schließlich. „Damit ich ihn nicht vergesse, während er und Tim bei ihrer Tante sind. Er fand, der Hut passt irgendwie zu Schnuppe."

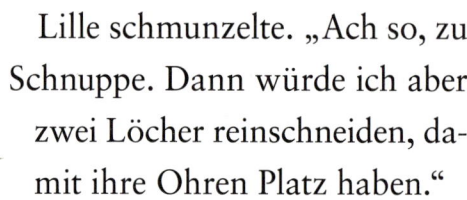

Lille schmunzelte. "Ach so, zu Schnuppe. Dann würde ich aber zwei Löcher reinschneiden, damit ihre Ohren Platz haben."

Karo tippte sich an die Stirn. "Du spinnst doch." Sie machte ein finsteres Gesicht.

Lille lachte gutmütig. "War doch nur Spaß." Sie ließ sich juchzend auf das untere Stockbett fallen. "Das ist meins! Und du schläfst oben, Karo. Du sitzt ja auch sonst hoch oben im Sattel."

Fee zerrte eine riesige Luftmatratze unter den Stockbetten hervor.

Maja grinste. "Prima, die teilen wir uns, ja?" Sie öffnete eine Holzkiste und zog ein Bündel Strippen hervor. "Und Onkel Paul schläft in dieser Hängematte vor dem Planwagen. Einer muss uns schließlich bewachen, damit wir nicht geklaut werden." Sie kicherte.

"Guckt doch mal. Hier kann man sogar was kochen." Lille klappte eine Schranktür auf. Dahinter tauchte eine Kochnische mit Kochherd, einem kleinen Kühlschrank und einem Wandschrank mit ausreichend Besteck, Töpfen, einer Pfanne, Essgeschirr und mit einigen Gewürzen auf.

„Klasse", sagte Maja. „Ich nehme noch Eier von meinen Hühnern mit."

Fee zückte einen winzigen Schreibblock. Den hatte sie immer dabei, falls ihr ein Gedicht einfiel. „Wir machen eine Liste, was wir alles mitnehmen wollen", schlug sie vor.

Sie notierte in ordentlichen Buchstaben, was ihre Freundinnen ihr zuriefen.

„Fertig!", rief sie schließlich und riss drei Blätter ab. „Dann können wir ja mit dem Packen loslegen. Ich kann es überhaupt nicht erwarten." Sie zwickte Lille aufgeregt in den Arm. „Und das, nachdem der Tag so super langweilig losging. Kaum zu fassen!"

Lille brauchte am längsten für die Vorbereitungen. Während Maja, Fee und Karolina bereits durch den Garten tobten wie die wilden Hummeln, räumte Lille ihre Tasche immer noch ein und aus. Und das, obwohl ihr Moses beim Packen half. Oder vielleicht gerade deshalb. Der Kleine steckte seine feuchte Schnauze überall hinein und beschnupperte jede Socke höchst kritisch.

„So. Ob es jetzt stimmt?", meinte Lille nach einer Weile. Sie warf Moses einen fragenden Blick zu. Er sah sie mit seinen Knopfaugen treu an.

Lille stieß einen Schrei aus. „Ha! Jetzt weiß ich es. Moses, du musst mit. Ohne dich kann ich nicht auf große Abenteuerreise gehen!"

Ein Kopfsprung mit Folgen

„Auf gar keinen Fall!", sagte Lilles Mama. „Du bist wohl verrückt geworden. Ein Schwein ist doch kein Kuscheltier, das man mal locker von A nach B schleppen kann. Das solltest du in deinem Alter eigentlich wissen." Selma saß am Küchentisch und hatte ihre Lesebrille bis ganz vorn auf die Nasenspitze geschoben. Streng guckte sie darüber hinweg und ließ ihre Tochter nicht aus den Augen.

Lille merkte, wie die Wut in ihr hochkochte. Sie war doch seit Wochen rund um die Uhr mit ihrem Minischwein zusammen! Und jetzt sollte sie Moses zurücklassen?

„Aaaaaaaah!", heulte sie wie eine Sirene los. „Du bist einfach nur fies und gemein!"

Sie stürmte aus der Küche und stolperte über Moses, der auf einem Büschel Basilikum herumkaute. Kopfüber landete sie im gelb-orange gestreiften Planschbecken, das Onkel Paul für seine Ente Daisy aufgebaut hatte. Als Lille mit einem lauten Platsch neben ihr ins Wasser fiel, breitete Daisy empört ihre Flügel aus und flüchtete laut protestierend auf das Hühnerhaus.

„Umpf!", machte Lille und spuckte einen Schwall Wasser aus, als sie aus dem Planschbecken herauskletterte. Ihr dünnes Sommerkleid pappte wie eine zweite Haut an ihr fest. Sie schüttelte sich, und Moses versuchte begeistert, die Tropfen mit seinem Maul aufzufangen.

„Siehste", sagte ihre Mutter und schaute sich das Schauspiel mit verschränkten Armen an. „Moses verbreitet schon Chaos, bevor die Reise überhaupt losgeht."

„Siehstesiehstesiehste!", schrie Lille und machte sich geladen davon.

Sie rannte schnurstracks zu Karolina und Fee, die gerade Schnuppe dabei beobachteten, wie sie mit Zugpferd Bonnie über die Weide tobte.

Die beiden waren jetzt schon ein Herz und eine Seele und knabberten sich immer wieder gegenseitig am Fell.

Fee musterte die pitschnasse Lille von oben bis unten und gackerte los. „Hast du vor dem Duschen vergessen, deine Klamotten auszuziehen?"

„Gar nicht witzig", fauchte Lille. „Meine Mutter ist total gemein!" Und dann berichtete sie in abgehackten Sätzen, was gerade passiert war.

Karolina nickte nachdenklich. „Aber willst du Moses wirklich mitnehmen?", fragte sie. „Überleg dir das gut. Ich habe meinen kleinen Bruder total lieb, aber ich bin echt froh, ihn für eine Weile los zu sein. Und Lasse und Moses sind sich ziemlich ähnlich."

Lille schüttelte heftig den Kopf. „Das ist etwas ganz anderes. Moses ist mein Haustier. Ich bin für ihn verantwortlich. Wir waren noch nie voneinander getrennt." Vor lauter Aufregung fing sie plötzlich an zu schluchzen. Das machte sie sonst nie.

Fee nahm tröstend ihre Hand. „He, jetzt krieg dich mal wieder ein. Ich bin mir sicher, dass mein Vater eine super Ersatzmutter für Moses sein wird. Schau *mich* an."

Das stimmte allerdings. Seit Fee mit ihrem Vater auf dem Sternenhof wohnte und sie ihre Mutter nur in den Ferien sah, hatte Felix für sie die Vater- und Mutterrolle übernommen. Und er stellte sich dabei gar nicht so übel an.

„Wenn wir zurückkommen, hat Papa dem Kleinen bestimmt schon Handstand beigebracht", fuhr Fee fort. „Wobei: Ein Schwein als Wachhund an

Bord zu haben, wäre vielleicht gar nicht übel. Und Schweine können im Wald sogar Trüffel erschnüffeln, habt ihr das gewusst? Das sind superteure Pilze."

Karolina schüttelte sich. „Pilze finde ich einfach nur eklig. Nicht mal Champignons kriege ich runter."

Fee rollte die Augen. „Du musst sie auch gar nicht essen! Wir könnten sie verkaufen und unser Taschengeld damit aufbessern." Sie dachte nach. „Wenn Moses wirklich mitkommen soll, müssen wir eine Liste schreiben mit Gründen, die dafür sprechen. Ihr wisst doch: Von allein kommen die Erwachsenen einfach nicht darauf."

Lille sah Fee bewundernd an. Ihre Freundin hatte es echt faustdick hinter den Ohren. Sie schämte sich plötzlich, dass sie so ausgerastet war, anstatt selbst auf diese Idee zu kommen.

„Vorher müssen wir aber noch Maja fragen", warf Karolina ein. „Könnte gut sein, dass sie Gustav oder Gilda dann auch mitnehmen möchte."

Fee machte ein entsetztes Gesicht. „Gustav? Nur über meine Leiche!" Sie kicherte. „Oder, besser gesagt, über *seine*. Dieses krähende Ungeheuer bleibt daheim. Ich bin froh, dass ich endlich mal ohne Ohrstöpsel schlafen kann."

Karolina nickte heftig. „Ja, da gebe ich dir völlig Recht. Aber Gilda könnte sich nützlich machen und ab und zu ein Ei legen."

Zum Glück wollte Maja keines ihrer Hühner mit auf die Reise nehmen. „Auf gar keinen Fall", sagte sie. „Jetzt habe ich die Hühner endlich so weit, dass sie durchschlafen. Das hat lang genug gedauert."

Maja testete schon seit einer Weile die Methoden ihrer Mutter aus dem Schlaflabor an ihrem Federvieh. Der Einzige, der immer noch nachts krähte, war Hahn Gustav. Dafür döste er tagsüber im Obstgarten. Wenn es nach Maja ging, konnte Moses aber gern mitkommen, solange er sich von ihrer Schokolade fernhielt. „Was sagt Onkel Paul denn dazu?", fragte sie zum Schluss noch.

„Ach, den ziehen wir schon auf unsere Seite", meinte Fee grinsend. Auch wenn sie noch nicht so lang auf dem Sternenhof wohnte wie die anderen drei Mädchen, hatte sie bereits kapiert, dass Onkel Paul der gutmütigste Mann unter der Sonne war.

Also machten die vier eine Liste für ihre Eltern mit der Überschrift: Moses muss mit!

„Super!", rief Lille zufrieden. „Das muss reichen. Selbst für meine Mama."

Fee faltete die acht Zettel ordentlich zusammen. Alle Eltern sollten einen zum Frühstück bekommen – da waren die Erwachsenen immer am besten gelaunt. Ein Exemplar war natürlich für Onkel Paul. Und einen Zettel behielten die Mädchen selbst und lasen ihn Moses vor dem Schlafengehen vor. Als Lille sich abends zu ihm ins Heu kuschelte, war sie voller Zuversicht. Jetzt konnte nichts mehr schiefgehen. Da war sie ganz sicher.

Alle an Bord

"Moses! Jetzt halt endlich still!", schimpfte Lille.

Bonnie war bereits vor den Planwagen gespannt und schmiss aufgeregt den Kopf hin und her.

Karolina saß fest im Sattel und band noch schnell eine fröhliche, regenbogenfarbene Schleife in Schnuppes Mähne.

Reisetaschen, Schlafsäcke, das Bettzeug und der Proviantkorb waren mittlerweile gut verstaut. Maja und Fee hockten neben Onkel Paul auf dem Bock und zappelten ungeduldig.

Nur Lille mühte sich seit einer Viertelstunde vergeblich damit ab, ihrem ungezogenen Minischwein das neue Geschirr mit Leine anzulegen. Weil Moses sich auf seinen vier kurzen Beinen mindestens so schnell vom Acker machen konnte wie ein Wiesel,

war diese Vorsichtsmaßnahme unbedingt nötig. Schließlich hatte niemand Lust, den ganzen Wald nach ihm abzusuchen.

„Siehste", sagte Lilles Mutter.

Lille war vernünftig genug, sich von ihrer Mama nicht reizen zu lassen. Die Arme hatte bestimmt noch daran zu knabbern, dass sie vom Sternenhof-Rat überstimmt worden war. Drei zu zwei, mit zwei Enthaltungen. Die kamen von Karolinas Eltern. Selbst Onkel Paul hatte JA angekreuzt. Grund dafür waren die Trüffel, denn die aß er für sein Leben gern. Vielleicht fand Moses ja tatsächlich welche.

„Wir haben Lasse sein Laufgeschirr zum ersten Mal angelegt, als er schlief", sagte Karolinas Mutter.

Na toll. Erst raushalten und dann nutzlose Ratschläge geben. So etwas liebte Lille. Ihr Gesicht lief vor Ärger rot an.

Am Ende war es Fee, die Lille rettete. Zum zweiten Mal in kurzer Zeit.

Sie holte ein Glas Schokocreme aus der Küche und schmierte einen dicken Batzen von dem süßen Zeug um das Halsband. Dann hielt sie es vor Moses' schnuppernden Rüssel. Moses quiekte begeistert und schob seinen Kopf durch die Öffnung.

Der Rest war ein Klacks. Im Nu war der Kleine wie ein Paket verschnürt und hing dann sicher an der Leine. Zur Belohnung durfte er Fees klebrige Finger abschlecken.

„Hammer!" Maja klatschte Beifall und alle anderen klatschten mit. Selbst Lilles Mutter Selma nickte anerkennend.

„Die Nummer sollten wir zusammen für meine Show einstudieren", sagte Felix.

Nur Karolina machte ein eher skeptisches Gesicht. „Nicht, dass der Dreckspatz jetzt meine Sachen vollschmiert." Karo hatte ihre Schlafdecke mit ihrer nagelneuen Pferdebettwäsche bezogen, denn auf Schnuppes Rücken, neben einem Planwagen reitend, fühlte sie sich schon jetzt wie ein Cowgirl im Wilden Westen.

„Ach was", beruhigte Lille ihre Freundin. „Am nächsten Bach gibt es ein Bad für Moses. Und bis dahin passe ich auf."

Onkel Paul schnalzte mit der Zunge und Bonnie spitzte die Ohren. „Kann es jetzt endlich losgehen?"

Der Planwagen setzte sich in Bewegung, und Schnuppe trabte so brav im Schritt nebenher, als hätte sie nie etwas anderes gemacht. Karolinas Vater machte noch jede Menge Fotos mit seinem Handy, und selbst Hahn Gustav schrak aus seinem Schlaf hoch und krähte ihnen ein so lautes Kikeriki hinterher, dass Gilda aufgeregt ein Ei legte. Und das am Vormittag!

Im Inneren des Planwagens hing ein gemütlicher Korbsessel an sicheren Ketten befestigt von den Deckenstreben. In dem machte es sich Lille mit Moses auf dem Schoß gemütlich, und die beiden schaukelten sanft vor sich hin, während der Sternenhof in ihrem Rücken immer kleiner wurde. Plötzlich begann Lilles Herz heftig zu klopfen. Jetzt waren sie endlich auf großer Fahrt! Zärtlich streichelte Lille Moses' Ohr. „Gefällt es dir auch?"

Moses quiekte leise – auf eine Weise, wie Lille es noch nie von ihm gehört hatte. Aber da sie Moses wirklich gut kannte, verstand sie sofort, was los war. „He, mein Kleiner", sagte sie und drückte Moses an sich. „Hast du etwa die Hosen voll?"

Was sollte sie nur tun, um ihn zu beruhigen? Sie konnte ihm doch nicht ständig Leckereien zustecken. Vielleicht sollte sie singen, so wie Maja es immer mit ihren Hühnern machte. Ja, singen war gut! Und Moses mochte Schlaflieder sehr gern. Sicher musste er nach der Aufregung erst einmal zur Ruhe kommen.

Also legte Lille los. Erst mit *Hänschen klein,* weil sie das irgendwie passend fand, dann machte sie weiter mit *Häschen in der Grube.* Das sang sie aber nicht zu Ende, weil es nicht so toll war, Moses Lieder vorzusingen, in denen Tiere totgeschossen wurden. Dann lieber *Schlaf, Kindchen, schlaf,* obwohl ihr das Lied selbst ziemlich schnarchnasig vorkam.

Als ihr keine Schlaflieder mehr einfielen und Moses immer noch wach war, ratterte sie nacheinander alle bekannten Weihnachtslieder herunter. Doch mitten in der dritten Strophe von *Kling, Glöckchen, klingelingeling* fielen Lille die Augen zu.

Reiseschwein, Apfelschwein, Sauberschwein

„Ich glaub's nicht! Guck dir diese Schlafmütze an. Verpennt das ganze Abenteuer!", kreischte Fee.

Lille fuhr hoch und sah sich verwirrt um. „Wie, wo, was?" Sie rieb sich verstört die Augen.

Maja hielt sich den Bauch vor Lachen. „Du bist wirklich 'ne Nummer, Lille. Mama sollte dich mal als Versuchskaninchen ins Schlaflabor bringen. Vielleicht könnte sie herausfinden, wie man es schafft, immer und überall zu pennen."

„Haha, sehr witzig", knurrte Lille. „Man darf doch wohl noch ein kleines Schläfchen machen!"

Karolina kam Lille zu Hilfe. „Finde ich auch. Solange man jemanden hat, der Wache schiebt. Cowboys schlafen mit offenen Augen auf ihren Pferden. Sie können sich nämlich zweihundertprozentig auf sie verlassen."

Maja kicherte immer noch. „Ja, ja. So wie Lille sich auf Moses verlassen kann", kommentierte sie glucksend.

Lille sprang wie von der Tarantel gestochen auf. *Moses!* Ach, herrje. Wo war der Kleine überhaupt?

„Falls du dein Schwein vermisst", sagte Fee und grinste, „das hat sich den besten Platz ausgesucht. Echt clever. Typisch Schwein eben." Sie zeigte mit dem Finger in die Ecke.

„Oh nein! Das darf nicht wahr sein", rief Lille und schlug die Hände über dem Kopf zusammen.

Kurz vor der Abfahrt hatte Onkel Paul leckere Augustäpfel gepflückt und gut für die Fahrt verstaut. Doch jetzt thronte Moses mitten im Apfelkorb in den gequetschten Früchten und schmatzte glücklich vor sich hin.

„Tja. Keine Spur von Wachschwein. Apfelschwein trifft es schon eher", kommentierte Maja.

Lille zerrte Moses hastig aus dem Korb. Das gefiel dem Kleinen aber gar nicht, und er protestierte heftig, indem er Lille einfach mit einer Ladung Apfelstückchen bespuckte.

Lille ließ sich aber nicht aus der Ruhe bringen und begann, die guten Äpfel von den matschigen zu trennen. „Wo ist eigentlich Onkel Paul?", fragte sie beiläufig und lugte aus dem Planwagen.

„Mit Schnuppe und Bonnie zum Tränken an einer Quelle", sagte Fee.

„Und das sagst du mir erst jetzt?", rief Lille. „Dann nichts wie los!" Sie schnappte sich die Flüssigseife aus dem Küchenschränkchen, ein Handtuch und den klebrigen Moses und rannte dem Wiehern hinterher.

Die Quelle entsprang einem Felsen und plätscherte über das Gestein. Schnuppe und Bonnie hatten ihre Mäuler ins kühle Nass getaucht und tranken gierig.

„Na, aufgewacht?", fragte Onkel Paul, als er Lille mit Moses unter dem Arm erblickte.

Lille nickte verlegen. „Keine Ahnung, warum ich so müde war."

Onkel Paul lachte. „Mich wundert das nicht. Du hast ja einen wahren Lieder-Marathon hingelegt. Das haut den stärksten Cowboy um."

Lille band Moses' Leine um einen Baumstumpf und zog schnell ihr Kleid über den Kopf. Ihren Badeanzug hatte sie darunter. „So, einmal Vollreinigung bitte", sagte sie zur gluckernden Quelle und stellte sich mit Moses unter das fließende Wasser.

Moses protestierte nach Kräften, aber Lille seifte ihn schonungslos ein. „Nur Sauberschweine dürfen mit auf große Fahrt", sagte sie streng.

Nachdem sie ihn gewissenhaft geschrubbt hatte, erstrahlte Moses' Haut wieder im schönsten Rosa.

„Jetzt bist du wieder vorzeigbar", meinte Lille zufrieden. Sie schaute sich um. „Wo sind wir eigentlich, Onkel Paul? Kennst du dich hier aus?"

Onkel Paul nickte. „Ich habe hier vor Jahren eine Wanderung gemacht. Die alte Karte habe ich eingesteckt. Lass uns doch gleich mal gemeinsam draufschauen. Wenn ich mich richtig erinnere, gibt es gar nicht weit entfernt ein paar Echohöhlen."

„Echohöhlen?", rief Fee wenig später. „Das hört sich spannend an!"

Die Mädchen und Onkel Paul saßen auf einer ausgebreiteten Picknickdecke und mampften Käsebrötchen, Radieschen und Tomaten aus dem Garten des

Sternenhofs, Minisalamis und klein geschnipseltes Obst und Gemüse. Sogar Eistee aus frisch gepressten Zitronen gab es. Den hatte Karolinas Mama selbst gemacht und ihnen in einer riesigen Thermoskanne mitgegeben.

Onkel Paul nickte. „Die Echohöhlen befinden sich auf verschiedenen Ebenen. Durch die Höhenunterschiede entstehen die Echos. Es ist noch gar nicht so lang her, dass man diese Höhlen wiederentdeckt hat."

„Und wie kommt man dort hinein? Durch Öffnungen in den Felsen?", fragte Karo. Sie schauderte beim Gedanken daran.

„Man kann die Höhlen zwar auch durch Felsöffnungen betreten, aber eigentlich sind es Erdhöhlen", erklärte Onkel Paul. „Sie sind nicht natürlich entstanden, sondern wurden von Menschen gegraben. Niemand weiß, warum. Vielleicht als Versteck vor Feinden oder als Vorratslager für Nahrungsmittel. Wie ein riesiger Keller unter der Erde. Man hat dort unten sogar uraltes Trockenobst und längst vertrocknete Nüsse aus vergangenen Zeiten gefunden."

Lille schüttelte verwundert den Kopf. „Dann müssen wir echt aufpassen, dass Moses nicht in so eine Erdhöhle verschwindet, weil er etwas Leckeres wittert. Der pest für eine Nuss bis zum Mittelpunkt der Erde!"

Alle lachten.

„Ich bin pappsatt", stöhnte Maja und streckte sich lang. „Wird Zeit, dass wir weiterreiten und mein Bauch ein wenig durchgeschüttelt wird."

„Ja, die Pferde werden auch schon unruhig", sagte Onkel Paul.

Aber bevor sie weiterfuhren, holte er noch die Landkarte aus seiner Reisetasche und faltete sie auseinander. Die Mädchen beugten sich neugierig darüber. Sie erkannten ein großes Waldstück, viele Wiesen und dazwischen ein paar gewaltige Felsbrocken. Die Wege waren als dünne Striche eingezeichnet, was hieß, dass sie unbefestigt waren.

Ob der Planwagen da überhaupt durchpasste?

„Die Karte ist schon ziemlich alt", sagte Fee fachmännisch. „Und die Erdhöhlen sind auch nicht darauf verzeichnet. Nützt die Karte so denn überhaupt was?"

Onkel Paul nickte. „Doch, klar. Die Felsen verschwinden ja nicht plötzlich. Und Wald ist Wald. Ich habe erst vor Kurzem gelesen, dass es viele Hobbyschatzsucher gibt, die in den Erdhöhlen etwas verstecken oder suchen. *Geocaching* heißt das. Etwa zwei Fahrtstunden weiter in Richtung Westen liegt ein Bauernhof. Ich erinnere mich, dass wir auf unserer Wanderung damals frische Milch vom Bauern bekommen haben."

Er nahm seinen Kompass und hielt ihn in die Höhe. So bestimmte er die Himmelsrichtung. Dann zeigte er nach links. „Dort entlang. Am besten, wir düsen direkt los – es soll heute noch Regen geben." Er steckte Moses einen Gurkenschnitz zu und begann, die Reste vom Picknick einzupacken.

Gemeinsam verstauten die Mädchen und Onkel Paul alles gewissenhaft im Planwagen.

„Darf ich auch mal vorne sitzen?", fragte Lille. Den ersten Teil der Reise hatte sie ja hinten im Planwagen verschlafen.

„Klar!" Fee räumte freiwillig ihren Platz auf dem Bock, um auf Moses aufzupassen. „Ich lese ihm ein paar Gedichte von mir vor. Mal schauen, ob er sie auch so langweilig findet wie Faust."

Lille grinste. „Wäre doch super. Dann schläft er wenigstens mal eine Weile."

Karolina half Onkel Paul, Bonnie wieder vor den Planwagen zu spannen, und schon ging die Reise weiter.

Während sich Lille auf dem Bock den Wind um die Nase wehen ließ, trug Fee dem Minischwein ein neues Gedicht vor, das sie soeben gereimt hatte:

**Ein Höhlenforscher einst verschwand
mit einer Kerze in der Hand
zum Mittelpunkt der Erde.
Zurück blieb nur sein Pferde.**

„Hoffentlich passiert uns das nicht", kicherte Lille. Sie nahm Onkel Paul kurzerhand die Zügel aus der Hand und rief: „Hüa, Bonnie!"

Die Wagenräder knirschten leise über den Waldboden und Karolina ritt wie ein echter Cowboy, der die Gegend erkundet, ein Stück weit vor ihnen her.

Nach einiger Zeit gabelte sich der Weg.

Karolina brachte Schnuppe zum Stehen und drehte sich zum Planwagen um. „Links oder rechts, Onkel Paul?", rief sie.

„Hm", murmelte Onkel Paul. Er hielt den Kompass erneut in die Höhe. „Komisch."

„Was ist denn?", fragte Maja und linste auf die Anzeige.

Onkel Paul runzelte die Stirn. „Der Zeiger dreht durch." Er klopfte auf das Glas.

Tatsächlich. Der Zeiger drehte sich wie verrückt im Kreis.

„Das Ding ist kaputt!", stellte Lille fest.

Karolina trabte verwundert zurück zu den anderen im Wagen. „Was gibt's denn?", fragte sie. „Links oder rechts?"

Onkel Paul blickte nachdenklich in den Himmel. „Links", entschied er schließlich. „Nach links natürlich. Immer der Sonne entgegen."

Er schnalzte zum Aufbruch.

Potz Blitz und Donnerwetter

Lille hatte das dumme Gefühl, dass der Wald stetig dunkler wurde. Dabei hatte Onkel Paul angekündigt, dass schon bald eine Lichtung auftauchen würde. Nach seinen Berechnungen lag direkt dahinter der Bauernhof. Dort wollten sie bis zum nächsten Morgen Rast machen. Lille freute sich schon auf das Lagerfeuer und die Würstchen und Gemüsespieße, die sie grillen wollten. Ihre Mutter hatte für die Spieße extra ihr Gemüsebeet geplündert.

„Onkel Paul, bist du sicher, dass die Richtung stimmt?", rief Karolina. Sie wartete mit Schnuppe, bis der Planwagen gleichauf war.

„Es kann wirklich nicht mehr weit sein", sagte Onkel Paul und kratzte sich ratlos unter seinem Strohhut. „Brrr!" Er zog die Zügel stramm, damit Bonnie stehen blieb.

„Vielleicht sind die Leute vom Bauernhof zwischenzeitlich weggezogen", überlegte Maja.

„Was ist passiert?", rief Fee von hinten aus dem Wagen. „Reifenpanne?" Als ihr niemand antwortete, kletterte sie nach vorne.

„Onkel Paul hat sich verirrt", sagte Lille düster. „Und dabei zieht gerade ein schreckliches Gewitter auf." Sie blinzelte zwischen den Baumspitzen hindurch in den schwarzen Himmel.

„Glaub ich auch", sagte Fee und schlug sich hektisch auf die Arme. „Die Stechmücken beißen mich wie verrückt."

Onkel Paul schüttelte seinen Kompass und steckte ihn schließlich ärgerlich weg. „Kinder, Kinder. Man merkt wirklich, dass ihr keine Abenteuererfahrung habt. Das Gewitter ist noch kilometerweit entfernt. Die Wolken sind viel zu sehr in Bewegung."

Im selben Augenblick erleuchtete ein greller Blitz den Wald und es donnerte unheimlich. Gleichzeitig begann es zu tröpfeln. Schnuppe schnaufte alarmiert. Ein zweiter Blitz fuhr quer über den Himmel und es knallte wie bei einem Peitschenschlag.

Schnuppe erschrak fürchterlich und bäumte sich auf. Karolina schrie und umklammerte mit beiden Händen Schnuppes Hals, als die Haflingerstute panisch durchging.

„Karolina!", brüllte Onkel Paul.

Maja sprang blitzschnell vom Bock hinunter und raste los. Auch Fee und Lille düsten hinterher.

„Hüa!", rief Onkel Paul. Bonnie scharrte mit den Hufen, warf den Kopf in den Nacken und trabte los. Doch auf dem unebenen Weg kam der Wagen einfach nicht so schnell voran.

Maja schoss wie eine Rakete davon. Lille wollte unbedingt mithalten, stolperte aber über eine Wurzel und legte sich fast auf die Nase. Fee schnappte im letzten Moment ihre Hand und konnte sie auffangen. Doch dieser Zwischenfall kostete jede Menge Zeit und an der nächsten Kurve verloren sie Maja aus den Augen.

„Glaubst du, Schnuppe hat Karo abgeworfen?", fragte Lille und blieb atemlos stehen. Sie hatte Seitenstechen.

Doch plötzlich tauchte Schnuppe wieder auf. Maja und Karolina saßen gemeinsam im Sattel.

„He, wo bleibt ihr Schlafmützen denn?", rief Karolina fröhlich. „Der Bauernhof ist gleich um die Ecke. Schnuppe hat den Weg gefunden." Sie zeigte in die Richtung, aus der sie gerade gekommen war.

„Hab ich doch gleich gesagt!", rief Onkel Paul, der eben angetrabt kam. Er schaute nach oben. „Und das Gewitter zieht auch vorbei. Alle wieder einsteigen!"

Fee und Lille sahen sich an und grinsten.

Maja rutschte über Schnuppes Hinterteil auf den weichen Waldboden und kletterte mit Fee und Lille zurück in den Planwagen.

„Mir nach, Leute!", befahl
Karolina übermütig.

„Ich hab schon wieder Kohldampf", sagte Fee und wühlte in ihrem Rucksack nach Süßigkeiten. „So eine Abenteuerreise macht schrecklich hungrig."

Karolina führte den Trupp an und ein paar Kurven weiter tat sich eine grüne Lichtung vor ihnen auf.

„Hab ich doch gleich gesagt", wiederholte Onkel Paul. Man hörte die Erleichterung in seiner Stimme. Er zwinkerte den Mädchen zu. „Ich hoffe, ihr verratet mich nicht."

Karolina grinste breit und schüttelte den Kopf. „Solange einer hier den Durchblick hat …" Sie tätschelte Schnuppes Hals.

„Toll, da ist ja auch ein Campingplatz!", rief Fee. „Dort baue ich mein Zelt auf."

Fee hatte ein winziges Igluzelt im Gepäck, das ihr Vater Felix aus seinem roten VW-Bus hervorgekramt und ihr mitgegeben hatte.

Der Campingplatz war nicht mehr als eine umzäunte Wiese. Der Zaun sollte vermutlich verhindern, dass die Kühe die Ausrüstung der Gäste anknabberten.

Im Augenblick standen nur zwei Zelte auf dem Platz: ein braunes mit bunten Flicken und ein superschickes mit Vordach und drei riesigen Antennen obenauf.

Ein Stück weiter entfernt gab es eine Blockhütte. Sie war blau-weiß gestrichen. Auf einem Schild konnte man in Schreibschrift *Milchbar* lesen.

Onkel Paul kutschierte den Planwagen bis vor das Hoftor. „Ich frage mal den Bauern, ob wir den Planwagen auf den Campingplatz stellen dürfen", sagte er und verschwand in Richtung Haupthaus.

Während die Mädchen auf Onkel Paul warteten, betrachteten sie die zwei Zelte genauer.

„Das eine ist ein richtiges Angeberzelt", stellte Fee fest. „Wofür brauchen die denn so fette Antennen?"

Lille zuckte mit den Schultern. „Zum Fernsehen oder so."

„Das ist doch total langweilig", kommentierte Maja. „Warum fahren sie dazu überhaupt in die Ferien?"

Das kleine Zelt kam besser weg.

„Die haben sicher schon tausendmal gezeltet", sagte Karo. „Ich finde die Flicken total lustig. Hoffentlich haben sie Kinder dabei."

Im selben Augenblick kam Onkel Paul zurück. „Alles klar!", rief er und winkte mit einem grünen Zettel. „Wir können hier zu einem Spottpreis übernachten und bekommen morgen Früh sogar frische Brötchen geliefert. Und die Pferde dürfen im Stall so viel Heu fressen, wie sie Hunger haben. Könnt ihr bitte das Gatter öffnen? Dann fahre ich den Wagen direkt hinein."

Eis und Überraschungen

Onkel Paul suchte eine schöne Stelle für den Planwagen aus. Mit Blick direkt auf den Wald.

Karolina half ihm, Bonnie auszuspannen. Dann führten sie die Pferde gemeinsam hinüber zu den Stallungen.

Lille kletterte mit Moses auf dem Arm aus dem Planwagen und setzte ihn auf die Wiese. „So, mein Kleiner", sagte sie liebevoll. „Du warst ja echt brav. Wir schauen mal, ob wir jemanden für dich zum Spielen finden."

Sie war total froh. Nicht einmal während des Gewitters hatte Moses einen Mucks gemacht. Und zu ihrer Überraschung lief er jetzt sogar ohne zu zicken an der Leine. Der Mini war eben ein richtiges Reiseschwein.

Unternehmungslustig preschte Moses voran. Lille umrundete neugierig das Igluzelt mit den Antennen. Keiner zu Hause! Der Zelteingang war mit einem Vorhängeschloss gesichert. Sehr seltsam. Den Planwagen konnte man überhaupt nicht abschließen. Aber abgesehen von Fees Schokoladenvorräten gab es sowieso nichts Wertvolles zu klauen.

Moses spuckte das Zelt an und machte eine kleine Pfütze. So etwas passierte nur, wenn er sauer war.

Lille wurde rot bis unter die Haarwurzeln. Sie hätte wirklich daran denken können, dass auch Moses mal musste. Zum Glück hatte es niemand gesehen. Hastig zog sie das Minischwein mit sich fort.

„Lille, komm schnell rüber. Es gibt Eis!", brüllte Maja in diesem Moment.

Lille peste mit Moses los. Die Bäuerin schloss gerade die Milchbar auf und stellte Gartenstühle davor. Onkel Paul half ihr dabei.

„Guten Tag", begrüßte Lille die Bäuerin. Sie sah aus, als käme sie gerade aus dem Stall, denn sie trug einen Overall und ihre Gummistiefel hatten Kuhmist an den Sohlen.

„Ich bin Barbara, aber alle nennen mich Bärbel", entgegnete die Bäuerin. „Na, wen hast du denn da im Schlepptau?" Sie beugte sich zu Moses hinunter und streichelte ihn vorsichtig.

Moses quiekte wohlig. Das hieß: Bäuerin Bärbel war in Ordnung. Auf Moses' Instinkt konnte man sich nämlich verlassen.

„Ich mache das Eis selbst", plauderte die Bäuerin weiter. „Die meisten Zutaten dafür kommen aus unserem Garten oder aus dem Stall – Milch von den Kühen und die Eier von unseren Hühnern. Sogar Walderdbeeren wachsen auf dem Hof. Das Lavendel-Aprikosen-Eis habe ich kürzlich neu erfunden. Das müsst ihr unbedingt probieren!"

Maja strahlte über das ganze Gesicht. „Dann mal her damit, ich hab schon riesigen Kohldampf!"

Die Bäuerin schmunzelte und schaute hinüber zum Wohnhaus. „Meine Neffen sollten eigentlich das frische Mandeleis mit Kirschen rausbringen, das ich gerade gemacht habe. Ich weiß gar nicht, wo sie so lange bleiben."

Lille horchte auf. „Neffen?", wiederholte sie.

Die Bäuerin nickte. „Ja, sie sind die letzte Ferienwoche bei uns zu Besuch. Sie helfen bei der Ernte mit und verdienen sich ein wenig Taschengeld dazu. Sie müssten so ungefähr in eurem Alter sein."

Maja guckte plötzlich höchst beunruhigt. „Vielleicht haben sie das Eis allein aufgegessen und sind getürmt."

Bärbel lachte. „Also, ich traue meinen Jungs so einiges zu, aber das glaube ich dann doch nicht. Sie mampfen ohnehin jeden Tag Berge von dem Eis."

Maja seufzte aus tiefstem Herzen. „Haben *die* es gut. Da würde ich auch gern bei der Ernte helfen."

Die Bäuerin stellte bereits vielversprechend große Eisbecher auf den Holztisch und holte Löffel hervor. „Ein paar Tage im Jahr darf man ruhig mal über die Stränge schlagen", sagte sie. „Die Jungs werden dafür zu Hause recht kurz gehalten von meinem Bruder."

Lille spürte, dass Bärbel ihre Neffen richtig gern hatte. Das fand sie sehr sympathisch.

„Ach, da sind die Racker ja. Tim und Tom!" Die Bäuerin zeigte mit dem Finger auf zwei herannahende Gestalten, die sich an einer ziemlich schweren Kühltruhe abschleppten.

Die Mädchen kreischten gleichzeitig los. Moses presste sich ganz eng an Lilles Beine und sabberte vor Aufregung auf ihre Sandalen.

Das konnte doch nicht wahr sein!

Diese Jungs waren wirklich keine Unbekannten für die vier.

Umringt von Spionen

„Ist Schnuppe wirklich hier?", fragte Tom bereits zum vierten Mal. Er grinste bis über beide Ohren.

„Du bist ja witzig", sagte Bärbel. „Freust dich mehr über ein Pferd als über deine Freundin."

„Ich bin doch nicht Toms Freundin!", protestierte Karolina empört. „Wir gehen in dieselbe Klasse und wohnen ganz zufällig nebeneinander. Und manchmal darf Tom Schnuppe striegeln, weil er total verrückt nach ihr ist."

Die Bäuerin wechselte einen Blick mit Onkel Paul, der Lille nicht entging. Also ehrlich, was sich die Erwachsenen immer zurechtreimten! Allerdings war Karo nicht ganz unschuldig daran. Warum hing sie nur ständig mit Tom rum? Sollte der sich doch ein eigenes Pferd anschaffen.

Lille dachte weiter nach: Dass ihre Fahrt ins Blaue so eine unerwartete Wendung nehmen würde, hatte wirklich niemand ahnen können. Zum Glück wollten sie nur eine Nacht bleiben.

„Hi, Fee, wie geht's?", fragte Tim. Er hatte bisher keinen Piep gesagt. „Hast du Faust auch mitgebracht?"

Tom und Tim waren Zwillingsbrüder. Ihr Vater war Bauer Brims, der Schweinebauer aus der Nachbarschaft des Sternenhofs. Die Zwillinge waren mal nett und mal wieder nicht.

Fee schüttelte heftig den Kopf. „Nee. Der ist für so eine Reise viel zu sensibel."

Tim machte ein enttäuschtes Gesicht. „Schade, ich hab nämlich auch ein Gedicht geschrieben. Das wollte ich ihm gern mal vorlesen. Möchtest du es vielleicht hören?"

Fees Kinnlade klappte herunter. „Nein, auf gar keinen Fall!"

Maja lachte los und gab Fee einen Schubs. Fee hielt mit ihren Gefühlen selten hinterm Berg. Das kam nicht immer gut an. Auch Tim guckte gerade wie ein begossener Pudel.

Die Bäuerin klatschte in die Hände. „So, meine Herrschaften. Pferde und Gedichte können warten. Wie wäre es jetzt erst einmal mit einem Becher Eis, um die Gemüter abzukühlen?"

Sie öffnete die Eisboxen und verteilte drei Eiskugeln für jeden in die Becher. Eine ganze Weile hörte man daraufhin nichts als wohliges Schmatzen.

Am lautesten von allen schmatzte Moses. Er hatte einen Klecks Vanilleeis auf einem Unterteller serviert bekommen und schleckte diesen glücklich sauber.

„Wir würden später gern ein kleines Lagefeuer machen und zum Abendbrot grillen. Wir haben jede Menge leckere Sachen eingepackt", meldete sich nun Onkel Paul zu Wort. „Ich würde aber natürlich erst unsere Zeltnachbarn um Erlaubnis fragen."

„Das Flickenzelt gehört uns", sagte Tom. „Es ist nämlich total lustig, im Freien zu übernachten. Einmal sind sogar zwei Kaninchen zu Besuch gekom-

men." Er überlegte kurz und fuhr dann fort: „Grillen finde ich super. Wir könnten auch ein paar Kartoffeln in der Asche rösten. Das schmeckt richtig lecker. Ich kann übrigens Feuer machen, mit zwei Stöcken, wie ein echter Cowboy. Wenn du willst, bringe ich es dir auch bei, Karo."

Karo setzte ein gelangweiltes Gesicht auf. „Na toll. Probier's einfach mal mit Streichhölzern. Das klappt prima, glaub mir. Ich hab noch irgendwo 'ne Schachtel."

Lille kicherte hysterisch los und Onkel Paul warf Karolina einen warnenden Blick zu. „Was ist mit den Leuten im Iglu?", wechselte er das Thema und ließ sich die fünfte Eiskugel schmecken. Diesmal Lavendel-Zimt.

„Zu denen kann ich leider nichts sagen", antwortete Bärbel. „Ich habe sie nur einmal gesehen, als sie die Platzgebühr bezahlt haben. Es sind ein Mann und eine Frau. Sie sind rund um die Uhr in den Höhlen unterwegs. Forscher vermutlich."

Tim verzog skeptisch das Gesicht. „Behaupten *sie*", warf er ein.

„Was meinst du damit?", fragte Onkel Paul.

„Na ja", sagte Tim. „Seit wann brauchen Höhlenforscher denn so riesige Antennen für ihre Arbeit? Die benutzen doch normalerweise ganz anderes Werkzeug."

Die Bäuerin zuckte kurz mit den Schultern. „Zum Radiohören vielleicht. Wenn sie sich von dem ganzen Gekraxel in der Höhle entspannen wollen."

Tom schnaubte ungläubig. „Quatsch. Die haben das komplette Zelt vollgestopft mit Computern, Messgeräten und anderem Elektrokram."

Seine Tante Bärbel runzelte die Stirn. „Und woher weißt du das bitte so genau?"

Tom wand sich wie ein Regenwurm. „Äh, ich hab … ich hab …", druckste er herum, „… zufällig einen winzigen Blick in ihr Zelt werfen können, als die Leute vor ein paar Tagen nicht abgesperrt hatten."

Die Bäuerin stapelte die leeren Eisbecher übereinander und stand auf. „Du weißt genau, was ich vom Herumschnüffeln halte. Mehr sage ich dazu nicht. Stellt bitte keinen Unsinn an. Die Gäste sollen sich hier bei uns wohlfühlen." Zu Onkel Paul sagte sie: „Das Lagerfeuer stört sicher niemanden. Bis die beiden aus den Höhlen zurückkommen, liegen wir sicher alle schon in den Federn."

Lille kicherte. „Besser gesagt, in unseren Schlafsäcken!"

Die Mädchen und Tim schwirrten in den Wald aus, um kleine Zweige und anderes brauchbares Holz für das Lagerfeuer zusammenzusuchen. Nur Tom ging lieber in den Stall zu Schnuppe, um ihr ein wenig Gesellschaft zu leisten. Bonnie und Schnuppe durften nämlich nicht auf die Wiese, um die Höhlenforscher nicht zu erschrecken.

Ein bisschen viel Alarm um zwei Leute, die bisher noch gar nicht aufgetaucht waren, fand Fee. „Warst du auch mit im Zelt dieser Höhlenforscher?", fragte sie Tim neugierig, als sie zusammen den Waldweg entlangliefen.

Tim nickte wichtig. „Dir wären die Augen rausgefallen, wenn du das ganze Zeug gesehen hättest. Jede Menge Mikrofone und ein hypermodernes Aufzeichnungsgerät. Und noch viel mehr Antennen, die in alle Himmelsrichtungen zeigen", sagte er.

„Dann können es nur Spione sein", meinte Fee.

„Spione?", fragte Tim verblüfft.

Fee nickte eifrig. „Klare Sache. Die wollen was Geheimes rauskriegen, um es dann weiterzuverkaufen. Wahrscheinlich hören sie uns in dieser Sekunde ab und nehmen auf, was wir sagen." Sie bückte sich nach einem Ast und fuchtelte wild damit herum. „Ab jetzt müssen wir auf alles gefasst sein. Spione sind mit allen Wassern gewaschen und schrecken vor nichts zurück, um ihr Ziel zu erreichen."

Sie flüsterte plötzlich nur noch. „Mein Papa hat erzählt, dass so ein Spion sich mal in seine Zirkustruppe eingeschlichen hat. Der wollte die Tricks des Zauberers klauen und dann selbst benutzen. Er hat Papas Clownskostüm angezogen und ist auf das Hochseil geklettert, um den Zauberer auszuspionieren. Aber mein Vater ist dahintergekommen und hat ihn enttarnt. Zwei Löwen haben ihn bewacht, bis die Polizei kam."

Tim blickte ängstlich nach oben in die Bäume, als ob er erwartete, dort einen Spion zu entdecken, der sie als große Fledermaus verkleidet belauschte. „Ist ja mies", sagte er erschüttert. „Aber hinter welchen Geheimnissen sind die Spione aus dem Igluzelt her?"

„Das ist doch klar!", rief Fee unvorsichtig laut. „Sie wollen die Eisrezepte eurer Tante klauen. Deshalb haben sie sich hier eingenistet und beobachten euch rund um die Uhr. Getarnt als Höhlenforscher. Ganz schön raffiniert. Wo genau macht Bärbel denn das Eis? Bestimmt in der Küche, oder? Wetten, die ist von oben bis unten verwanzt mit Abhörgeräten?"

Tim nickte entsetzt. „In der Küche steht die Eismaschine – und die geheimen Zutaten und Tante

Bärbels Rezeptheft liegen auch einfach so herum. Fee, du bist echt genial. Gut, dass du hier bist. Das müssen wir unbedingt verhindern." Er sah sie bewundernd an.

Fee setzte ein bedauerndes Gesicht auf. „Ich kann dir bei der Verbrecherjagd leider nicht helfen. Wir sind morgen ja schon wieder über alle Berge mit unserem Planwagen."

Tim senkte traurig den Blick, aber er sagte nichts. Stumm trottete er neben Fee zurück zur Feuerstelle.

Notfall auf vier Hufen

Als das Lagerfeuer aufgestapelt war und Onkel Paul es gerade entfachen wollte, kam Tom aufgeregt herbeigerannt. „Karo, hast du schon gesehen, dass Schnuppe etwas mit dem Huf hat? Sie hinkt so komisch."

Erschrocken rannte Karo hinüber in den Stall. Tatsächlich, Schnuppe lahmte leicht.

„Das muss sich der Tierarzt anschauen", sagte die Bäuerin, die ebenfalls von Tom alarmiert worden war. „Ich hoffe, dass Schnuppe sich keinen Nagel eingetreten hat. Das ist ziemlich gefährlich. Ich rufe ihn gleich mal an."

Während sie ins Haus ging, versorgten Tom und Karolina Schnuppe mit einer Extraportion frischem Heu und zwei Schippen Kraftfutter. Tom wechselte das Trinkwasser aus und schleppte einen sauberen Eimer herbei.

„Arme Schnuppe!", sagte Karo zärtlich und bürstete der Haflingerstute liebevoll die Mähne.

Auch Bonnie merkte, dass etwas nicht in Ordnung war. Sie stand in der Nachbarbox und stieß leise, beruhigende Schnauber aus.

In diesem Moment tauchte Bärbel wieder auf. „Wir haben Glück!", rief sie. „Der Tierarzt war ganz in der Nähe bei einer kalbenden Kuh. Er wird gleich hier sein."

Während die anderen sich um das Lagerfeuer und das Grillzeug kümmerten, warteten Karo und Tom im Stall, bis der Arzt kam.

„Dann schauen wir uns das Mädchen doch mal an", sagte der Veterinär und begrüßte Schnuppe. Erst dann gab er Karolina und Tom die Hand.

Karo standen vor Aufregung ein paar Tränen in den Augen.

Der Tierarzt strich ihr tröstend über das Haar und sagte: „Alles halb so schlimm. Sehr große Schmerzen scheint Schnuppe ja nicht zu haben. Das ist ein gutes Zeichen."

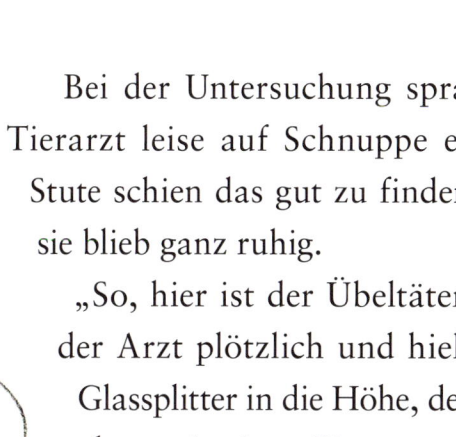

Bei der Untersuchung sprach der Tierarzt leise auf Schnuppe ein. Die Stute schien das gut zu finden, denn sie blieb ganz ruhig.

„So, hier ist der Übeltäter!", rief der Arzt plötzlich und hielt einen Glassplitter in die Höhe, den er soeben mit einer Pinzette entfernt hatte. „Da hat Schnuppe wirklich riesiges Glück gehabt. Wäre es ein Nageltritt gewesen, hätten wir sie in die Klinik bringen müssen. Aber so kann die kleine Wunde hier im Stall ausheilen und wir müssen keine Infektion fürchten. Drei, vier Tage Stallruhe sollten reichen. Ich komme morgen wieder zum Verbandswechsel." Er säuberte die Wunde gründlich, verband sie und verabreichte Schnuppe noch ein entzündungshemmendes Medikament.

„Wie ich sehe, hat sie zwei ganz vorzügliche Pfleger." Er zwinkerte Karo und Tom zu und ging mit Bärbel zurück zu seinem Auto.

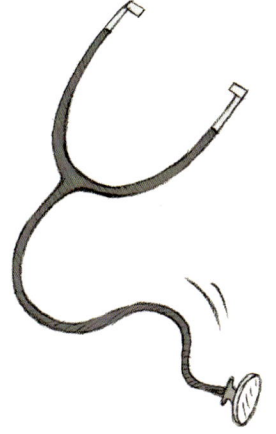

Dort warteten schon Onkel Paul und die anderen. Sie verabschiedeten sich vom Tierarzt und dankten ihm für seine schnelle Hilfe.

„Gut, dass Bonnie den Planwagen auch allein ziehen kann", sagte Onkel Paul zur Bäuerin.

„Sie können Schnuppe gern hier unterstellen und auf dem Rückweg abholen", erwiderte sie. „Tom wird sich sicher sehr gern um Ihre Haflingerstute kümmern."

„Ich lass doch Schnuppe nicht allein!", protestierte Karolina. „Zumindest nicht, solange ich nicht weiß, dass es ihr besser geht."

„Tja", rief Tom, „dann musst du eben einfach hierbleiben!"

Fee stampfte entschieden mit dem Fuß auf. „Wenn Karo bleibt, bleiben wir alle. Lille, Maja, was meint ihr?"

Die beiden Mädchen nickten heftig.

„Na klar. Hier ist es auch cool", sagte Lille. „Ich kann gleich morgen mit Moses auf Trüffeljagd gehen. Das hatten wir sowieso vor."

Und Maja sagte: „Ich hätte total Lust, eine der Höhlen zu besichtigen. Ist bestimmt voll gruselig."

Tim zwickte Fee so kräftig in den Arm, dass sie aufschrie. „Das wird den Spionen aber gar nicht in den Kram passen", flüsterte er ihr zu. „Die werden bestimmt stinksauer, wenn sie nicht in Ruhe weiterspionieren können!"

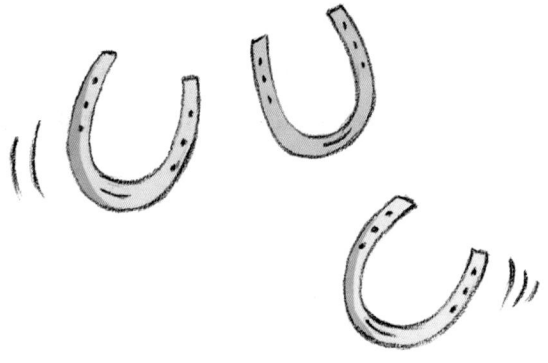

Ein Lagerfeuer hat Ohren

„Ich sterbe fast vor Hunger!", rief Onkel Paul. „So ein Abenteuer macht eben Appetit. Was uns heute schon alles passiert ist, das erleben andere Leute nicht in drei Wochen."

Damit hatte Onkel Paul wirklich Recht. Als die ersten Gemüsespieße über dem offenen Feuer brutzelten, merkte Lille, dass ihr vor Hunger schon ganz schwindlig war. Sie aß noch schneller als Moses und stritt sich mit ihm schließlich sogar um das letzte Stück Bratwurst, das er ihr keck vom Teller klaute. „Moses, du Frechdachs!", rief sie und hechtete ihm hinterher in die Büsche, in die er mit seiner Beute geflüchtet war.

Dass Schweine nicht schnell laufen können, war wirklich ein Märchen. Moses hätte man sogar zum

Tausendmeterlauf anmelden können, wenn im Ziel eine große Schale Erdbeerquark mit viel Sahne auf ihn wartete.

Maja lachte sich scheckig und rief: „Die Wurst kannst du jetzt doch sowieso nicht mehr essen!"

Das wusste Lille selbst, aber sie wollte es einfach nicht durchgehen lassen, dass Moses sich von ihrem Teller bediente. Unter lautem Triumphgeheul eroberte sie ihre Bratwurst zurück.

„Autsch!", rief sie plötzlich und rieb sich den linken Fuß.

Sie war über etwas Scharfes gestolpert – vermutlich eine Steinkante. Etwas Silbernes blitzte im moosigen Gras auf. Sie beugte sich hinunter und hob das Ding auf. Hoppla. Was war *das* denn? Sah aus wie ein Mikrofon. Allerdings ohne Kabel. „Schaut mal, was die Leute alles in die Büsche schmeißen!", rief Lille und hielt den Gegenstand hoch.

Fee machte große Augen. „Ein Mikro", sagte sie perplex und wechselte einen alarmierten Blick mit Tim.

„Genau", sagte Lille ärgerlich. „Und ich habe mir den Fuß daran gestoßen." Sie legte das Mikrofon auf dem Holztisch vor der Milchbar ab. Moses setzte sich bettelnd auf ihren Fuß und schmatzte zum Herzerweichen. „Na gut", sagte Lille und warf ihm die Wurst hin. „Aber in Zukunft benimmst du dich."

„Die schrecken wirklich vor gar nichts zurück!", zischte Tim Fee zu. „Wir müssen dringend etwas unternehmen, bevor sie meiner Tante die leckeren Rezepte klauen."

Fee gab ihm Recht. „Könnte ein drahtloses Mikro sein. Es scheint sogar noch angeschaltet zu sein. Siehst du das rote Licht? Solche Abhörgeräte kann man überall deponieren. Sie fallen nicht auf. Wir sollten auch die Küche deiner Tante danach absuchen."

Wie auf Kommando trat Tante Bärbel mit einer großen Schüssel Eiscreme aus dem Haus. „Habt ihr noch Platz in euren Bäuchen?", rief sie. „Hier kommt der Nachtisch. Ich habe mir ein neues Rezept ausgedacht und gleich genug davon gemacht, um es an euch auszutesten. Wir können direkt aus der Schüssel essen." Sie zauberte acht langstielige Eislöffel hervor und stellte die Schüssel auf den Tisch.

Eis ging immer! Alle griffen eilig zu.

„Köstlich", lobte Onkel Paul die neue Erfindung und schmatzte vor Vergnügen sogar noch lauter als Moses. „Was haben Sie da denn alles an Zutaten hineingezaubert?"

„Ach", sagte die Bäuerin lachend, „das ist wirklich keine Hexerei. Die Jungs haben mir heute Früh beim Pflaumensammeln geholfen, dann hatte ich noch Mohn vom Kuchenbacken, im Garten wächst mir die Melisse schon bis über den Kragen, und außerdem benutze ich ein, zwei ganz geheime Zutaten, wie zum Beispiel …"

„Nein! Halt!", riefen Tim und Fee wie aus einem Mund. „Nicht verraten!"

Die Bäuerin guckte verwundert. „Oh, aber warum denn nicht? Ist doch schön, wenn man weiß, was man isst."

„Aber du hast doch selbst gesagt, das Rezept ist geheim", kam es von Tom.

Tante Bärbel lächelte. „Na, so geheim ist es nun auch wieder nicht. Hier gibt's doch schließlich keine Spione!" Onkel Paul und die Bäuerin lachten herzlich über ihren Scherz.

„Ich finde es einfach schöner, noch ein bisschen weiterzuraten", versuchte Fee es mit einem anderen Argument. „Das schult den Gaumen, sagt meine Mama immer."

Die Bäuerin nickte. „Auch wieder wahr. Ich habe eine Idee: Alle raten mit, wie bei einem Preisrätsel, und der Gewinner bekommt ein ganz besonderes Geschenk von mir."

Das war wirklich eine super Idee und alle wollten mitmachen.

Doch plötzlich stieß Tom einen Schrei aus. „Mist! Mist! Mist!"

Was war denn jetzt schon wieder passiert?

„Die Kartoffeln!", rief Tom. „Wir haben die Kartoffeln ganz vergessen!"

Im fast heruntergebrannten Feuer entdeckten sie die rußigen Folien, in die Tom die Kartoffeln eingewickelt hatte. Damit sie richtig lecker schmeckten, hatte er sie vorher mit selbst gemachter Kräuterbutter bestrichen.

„Ach, schade", sagte Onkel Paul. „Das ist wirklich doof." Er holte eine Kartoffel mit der Grillzange heraus und öffnete die Folie. Ein kräftiger Duft von Kräutern und einem Hauch Knoblauch waberte ihm entgegen. „Die sind tipptopp!" Er nahm einen Löffel und schälte ein Stückchen heraus. „Köstlich! Wer möchte noch?"

Leider waren alle pappsatt. Tom machte ein unglückliches Gesicht.

„Weißt du was?", sagte Karolina plötzlich. „Ich wette, daraus können wir morgen superleckeren Kartoffelsalat machen. Und eine Kartoffel bringen wir jetzt direkt Schnuppe zum Abendessen. Die frisst sie nämlich richtig gern." Sie lächelte ihn an.

„Na prima!", rief die Bäuerin. „Dann klaubt die restlichen Kartoffeln schnell aus der Glut, bevor es zu spät ist."

Als alles abgeräumt war, fingen die Mädchen an zu gähnen. Doch der Erste, der einschlief, war Moses. Er hatte sich ein kuscheliges Plätzchen direkt am verglimmenden Lagerfeuer gesucht und schnarchte leise.

„Wir tragen Moses lieber in den Planwagen", flüsterte Onkel Paul, um ihn nicht aufzuwecken. „Wenn er nachts im Freien aufwacht, fürchtet er sich bestimmt."

Wie ein Baby schleppten sie Moses in sein Körbchen. Er grummelte etwas im Schlaf, und schließlich rülpste er sogar.

„Ich schlafe in Papas Zelt", sagte Fee.

Tim half ihr beim Aufbauen und kurz darauf lag jeder ganz gemütlich in seiner Koje. Auch wenn Fee sich vorgenommen hatte, die Augen noch eine Weile aufzuhalten, schlief sie bereits nach ein paar Minuten tief und fest. Und auch Tim und Tom waren viel zu müde, um die Geräusche zu hören, die in der Nacht aus ihrem Nachbarzelt ertönten.

Ein falscher Weihnachtsmann

Lille wurde ganz früh wach. Komisch. Wenn Schule war, passierte ihr das nie. Im ersten Augenblick wusste sie gar nicht, wo sie war. Erst als sie sich eine Weile umgesehen hatte, dämmerte es ihr. Ach ja. Sie hatte heute Nacht im Planwagen übernachtet. Das war wirklich urgemütlich gewesen. Maja und Karo hatten sich ihr Schlaflager in den Stockbetten eingerichtet. Auf Onkel Pauls Stinkesocken ratzte ganz selig Moses.

Der Kleine war mitten in der Nacht laut quiekend aufgewacht, weil sich ein Falter seinen Rüssel als Schlafplatz ausgesucht hatte. Onkel Paul, der vor Schreck fast aus seiner Hängematte gefallen war, hatte den Falter zwar aus dem Wagen geworfen, aber

Moses wollte danach lieber spielen als weiterzuschlafen. Deswegen hatte Onkel Paul das Minischwein kurzerhand auf seine Socken gebettet. Das half immer.

Lille lag auf der riesigen Luftmatratze und hörte Karolina schnaufen – genau wie Schnuppe. Das lag daran, dass sie meistens eine verstopfte Nase hatte.

Eigentlich könnte ich noch eine Runde schlafen, dachte Lille. Draußen war alles mucksmäuschenstill. Sie schloss die Augen.

„Brrrr, brrrr, brrrr!", schnarchte Onkel Paul.
„Chch, chchch, chchch!", erwiderte Karolina.

Lille setzte sich entschlossen auf. *Nee, das wird nichts mehr mit schlafen. Ich schau mich mal ein bisschen um*, dachte sie.

Leise zog sie Hose und Pulli an und schlüpfte in ihre Turnschuhe. Dann stapfte sie los.

Als Erstes lauschte sie an Fees Zelt. Fee brabbelte im Schlaf irgendetwas vor sich hin. *Spion* und *Mohn* hörte Lille heraus. Bestimmt erfand Fee im Traum schon wieder ein neues Gedicht. Bei Tim und Tom nebenan war es hingegen mucksmäuschenstill. Alles Schlafmützen!

Sie lief weiter. Nur ein Häufchen graue Asche erinnerte an das knisternde Lagerfeuer von gestern Abend. Selbst aus dem Hühnerstall kam kein Mucks. Anscheinend hatten die Hühner von Tante Bärbel keine Schlafstörungen. Nur der Hahn der Bäuerin war schon wach und inspizierte das Gelände. Aber er hatte wohl noch keine Lust, die Hühnermeute zu wecken, und genoss seine Morgenruhe. Das konnte Lille gut verstehen.

In diesem Moment hörte sie Geräusche aus dem Igluzelt. Die unbekannten Nachbarn waren also auch schon wach. Lille wollte die Fremden erst mal unter die Lupe nehmen, bevor diese sie entdeckten. Deshalb versteckte sie sich schnell hinter dem buschigen Holunder und ließ das Igluzelt nicht aus den Augen.

Zuerst tauchte eine Frau in blauem Jogginganzug auf. Ihre braunen Haare waren streichholzkurz geschnitten und ihre Himmelfahrtsnase erinnerte Lille an den Igel, den sie im letzten Winter aus einer Schneewehe gerettet hatte.

Die Frau streckte ihre Glieder und wandte sich dem Mann zu, der jetzt seinen Kopf aus dem Zelt steckte. „Beeil dich, Ulrich, wir müssen los!"

Lille musste sich mächtig zusammenreißen, um vor Überraschung nicht laut aufzuschreien. Der Mann hatte einen langen weißen Bart und trug eine rote Schlafanzugjacke. Vor einigen Jahren hätte Lille ihn bestimmt für den Weihnachtsmann gehalten. Nur seine buschigen Augenbrauen und sein finsteres Gesicht passten nicht in dieses Bild.

„Hier ist gestern eine ganze Horde gackernder Hühner eingefallen. Es wird Zeit, dass wir verschwinden", sagte der Mann stirnrunzelnd. „Die Jungs allein sind ja schon eine echte Landplage. Trampeln wie die Elefanten alles über den Haufen und schnüffeln in unseren Sachen herum. Ich hoffe, der Austausch klappt und wir kriegen die Sache ohne Probleme über die Bühne, damit wir hier abhauen und das nächste Ding anschieben können. Diesmal sind wir die Ersten."

Lille schob empört die Unterlippe vor. Besonders kinderfreundlich schienen diese Leute ja nicht zu sein.

Hinter den Ställen stand das Badehaus mit der Toilette. Während der falsche Weihnachtsmann auf das stille Örtchen verschwand, holte seine Frau zwei Mountainbikes aus der Garage.

Donnerwetter. Teure Teile! Lilles Vater hatte einen Fahrradladen – deshalb kannte Lille sich mit Rädern aus.

Die Frau befestigte zwei gepackte Fahrradtaschen an den Rahmen und zog die Schnürsenkel ihrer roten Turnschuhe fest.

Lille überlegte noch, ob sie den beiden Erwachsenen folgen sollte, als jemand sie von der Seite anschubste.

„Hey, was ist da los?", wisperte Fee.

„Die Igluzelt-Nachbarn", antwortete Lille. „Die benehmen sich irgendwie merkwürdig." Sie erzählte ihrer Freundin, was sie bisher beobachtet hatte.

„Oh nein", stöhnte Fee leise. „Dann übergeben sie heute das Diebesgut. Das müssen wir verhindern!"

Lille schaute Fee verwirrt an. „Hä? Was redest du denn da?"

Fee schüttelte ungeduldig den Kopf. „Pass auf: Die zwei sind Spione, die Tante Bärbels geheime Eisrezepte geklaut haben, um sie teuer weiterzuverkaufen. Tim und ich haben das alles herausgefunden. Der Junge kann zwar keine Gedichte schreiben, aber sonst ist er echt pfiffig."

Lille guckte ungläubig.

„Wirklich wahr", sagte Fee. „Wir haben auch jede Menge Beweise. Das Mikro, das du gestern gefunden hast, ist in Wirklichkeit ein Abhörgerät. Wir glauben, dass die ganze Küche verwanzt ist. Haben die Spione gesagt, wo sie hinwollen?"

Lille schüttelte den Kopf. „Nee, aber sie wollen mit ihren Rädern los. Und sie haben schon ein neues Verbrechen vor. Hörte sich jedenfalls so an."

Fee überlegte. „Wir müssen hinterher. Ich wecke Tim." Sie drehte sich hastig um und schrie vor Schreck leise auf.

In den Echohöhlen

Tim hatte sich von hinten angeschlichen. „Schon da", sagte er vergnügt. „Was liegt an?"

Aufgeregt berichtete Fee ihm von Lilles Beobachtungen. „Und sie planen schon was Neues", fügte sie hinzu.

„Puh! Also Serientäter", sagte Tim beeindruckt. „Dann nichts wie los."

In diesem Augenblick kam der falsche Weihnachtsmann aus dem Badehaus zurück. Er hatte sich umgezogen und trug nun anstelle des roten Schlafanzugs einen roten Jogginganzug.

„Besonders großen Wert auf Tarnung legt der Typ nicht", bemerkte Fee.

Tim grinste breit. „Das ist ja gerade seine Tarnung, kapiert?"

Fee nickte eifrig.

Der Mann schwang sich auf sein Rad. „Hast du dir genau notiert, wo wir hinmüssen? Ich habe keine Lust, dass wieder was schiefgeht", sagte er.

„Na klar. Hältst du mich für doof?", antwortete die Frau.

Fee zwickte Tim aufgeregt in den Arm. „Hast du das gehört?", flüsterte sie.

„Na klar, hältst du mich für taub?", meinte Tim grinsend. Die beiden kicherten.

Lille legte schnell einen Finger auf die Lippen. „Psst!", zischte sie Tim und Fee zu.

Der Mann hob den Kopf und lauschte. „Hast du das eben auch gehört, Eva?" Er starrte zum Holunderbusch hinüber.

Seine Frau wirkte ziemlich genervt. „Da ist nichts. Lass uns losfahren."

Lille zeigte auf die Räder, die Bärbel für ihre Gäste bereitgestellt hatte.

Aber Tim schüttelte den Kopf. „Zu auffällig. Wir müssen sie zu Fuß verfolgen."

„Dann schnell hinterher", sagte Fee. „Wir dürfen sie nicht aus den Augen verlieren."

Glücklicherweise waren alle drei gute Läufer. Die Mountainbiker legten nämlich ein ziemliches Tempo vor und bretterten auf ihren Rädern über Stock und Stein.

„Ich kann bald nicht mehr", keuchte Lille nach einer Weile. „Außerdem brennt mein Schienbein wie verrückt." Sie rieb etwas Spucke darüber und betrachtete sorgenvoll die fetten Blasen. An der letzten Abbiegung hatte sich die Frau plötzlich umgedreht und nach hinten geschaut, und Lille hatte in die Büsche am Wegrand springen müssen, um nicht entdeckt zu werden. Leider hatten dahinter fiese Brennnesseln gelauert.

Auch Tims Gesicht war bereits krebsrot. „Durchhalten!", japste er.

„Aua!", schrie Fee auf. Ein zurückspringender Zweig hatte sie am Hals getroffen und ihr einen fiesen roten Striemen verpasst.

Endlich wurden die beiden Spione langsamer.

„Da vorne rechts, hinter den Föhren, da muss der Eingang sein, Ulrich!", rief die Frau und holte einen Zettel aus ihrer Seitentasche hervor. „Er ist mit zwei roten Kreisen gekennzeichnet."

Lille, Fee und Tim verbargen sich eilig im Unterholz.

„Die wollen wieder in die Echohöhlen", flüsterte Tim.

Die drei Freunde beobachteten, wie die beiden Erwachsenen von ihren Fahrrädern abstiegen und die Wände abtasteten.

„Ich habe den Eingang gefunden!", rief Ulrich. „Hier sind die Kreise. Aber pass auf. Alles ist voller Kletten." Er und seine Frau verschwanden in der Höhle.

„Blöd, dass ich keine Taschenlampe dabeihabe", sagte Fee. „Ich hasse es, im Dunkeln herumzutappen. Hoffentlich gibt es da drin keine Schlangen."

Tim grinste und hielt ihr stolz sein Taschenmesser hin. Daran war eine kleine LED-Lampe und sogar eine Säge befestigt. „Hat mir Tante Bärbel zu Weihnachten geschenkt", erklärte er .

„Dann kann ja nichts mehr schiefgehen", sagte Lille abenteuerlustig.

„Die Höhlen haben mehrere Stockwerke mit Treppenstufen aus Stein", erklärte Tim. „Aber keiner weiß genau, wie tief sie wirklich in die Erde reichen.

Wenn wir drinnen sind, dürfen wir nicht sprechen, weil unsere Stimmen durch das Echo weitergetragen werden. Andersherum wissen wir, in welche Richtung die beiden gehen, wenn sie miteinander reden."

„Ganz schön schlau", sagte Fee grinsend.

Die drei warteten ein paar Atemzüge ab, dann folgten sie den Spionen mit einigem Abstand.

Die Höhle hatte gar keine Ähnlichkeit mit der Tropfsteinhöhle, die Lille vor einigen Jahren mit ihren Eltern besichtigt hatte. Sie kam ihr eher vor wie ein muffiger Keller ohne Licht. Die Gänge waren sehr niedrig, und Lille stieß, wenn sie aufrecht stand, mit dem Kopf gegen die Decke.

„Iiiiih, pfui!", rief Fee plötzlich und fing eine dicke Spinne aus ihrem Haar.

„Fuuuuiiiihhhh", echote es leise von den Wänden.

Fee schlug erschrocken die Hand vor den Mund und horchte in den dunklen Gang.

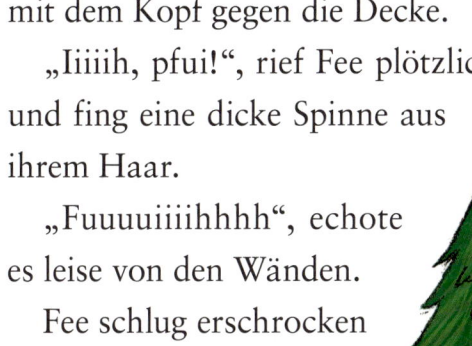

„Psst", flüsterte Tim. „Ich glaube, ich höre etwas!"

„Treppe rechtssss. Vier Stufen abwärtsssss, dann scharf linksssss", schallte es auf einmal wie durch einen Lautsprecher zu ihnen herauf.

Tim machte ein Daumen-hoch-Zeichen und ging mit der Taschenlampe voran.

Immer tiefer stiegen sie im Höhlensystem hinab. Dem Echo sei Dank, konnten sie den Spionen ohne große Mühe folgen.

„Daaaa!", rief der Mann in diesem Augenblick. „Die Schatulllleeee!"

Die Frau klatschte in die Hände.

Das Echo kam so laut bei den drei Kindern an, dass sie die Zeigefinger in die Ohren stopften.

„Auuuuaaaaa!", heulte der Mann plötzlich auf. „Verdammmmt!"

„Wassss?", echote seine Frau.

„Eiiiineeee Mauuuusssseeeefalllleeee! Mein Finger bluuuutet wie verrrrückt."

Zu viel Blablabla und ein Superschwein

Verängstigt nahmen sich Lille und Fee an der Hand und lauschten.

„Loooos! Schnapp den Schatzzzz und pack unseren Krempel reiiiin. Diesmal sind wir schnellerrrr. Haaaa!", erklang die schrille Stimme der Frau.

„Das ist Verbrechersprache", sagte Tim leise. „Mit *Schatz* ist das Geld für den Verkauf von Tante Bärbels geheimen Eisrezepten gemeint. Bestimmt tauschen die beiden gleich mit ihrem Auftraggeber Beute und Belohnung aus. Wir müssen die Geheimrezepte unbedingt zurückerobern! Scheint so, dass mehrere Diebe hinter ihnen her sind. Das Eis schmeckt aber auch hammermäßig."

Fee staunte. Tim hatte die Sache wirklich im Griff. Das hätte sie ihm gar nicht zugetraut.

„Vorsicht, sie kommen!", warnte Lille flüsternd.

Fee knipste das Taschenmesser-Licht aus, und die Kinder drückten sich eng gegen die Wand, während die zwei Spione in ihre Richtung zurückhasteten. Im Vorbeilaufen fasste die Frau versehentlich in Fees Haar. „Iiiih", schrie sie. „Spinnweben!"

Fee versuchte, ein Kichern zu unterdrücken.

Die Freunde warteten, bis sie sicher waren, dass die beiden Erwachsenen den Höhleneingang fast erreicht hatten.

„Jetzt!", kommandierte Fee, knipste schnell Tims Taschenlampe wieder an und rannte einfach los.

„Warte doch!", riefen Lille und Tim, und gemeinsam hetzten sie über die Steintreppe nach unten.

„Da – die Schatulle!" Lille zeigte auf ein Kästchen direkt vor ihr.

Fee stürzte hin und öffnete es. Tim nahm Fee die Taschenlampe ab und leuchtete hinein.

Lille schaute über seine Schulter auf das Blatt in der Schatulle und las laut vor: „*Blablablablablabla. ÄTSCH!!! Dumm gelaufen. Hahaha!*"

„Hä? Was soll *das* denn, bitte?", sagte Fee völlig verdattert.

„Krass!", rief Tim. „Die haben die Eisrezepte und das Geld behalten. Schnell hinterher, bevor sie über alle Berge sind!"

Er stopfte die losen Blätter in seine Hosentasche und die Freunde rasten gemeinsam zurück nach oben. Als sie endlich die Stelle erreicht hatten, wo das erste Licht von draußen in die Höhle fiel, hörten sie lautes Stimmengewirr.

„Rückt sofort den Kristall raus, der gehört uns!"

„Nein, das ist unser Schatz!"

„Nix da, her damit!"

„Niemals! Auuuuuuua! Mein Zeh! Du bist mir auf den Zeh getreten!"

Lille, Fee und Tim schauten sich verständnislos an und pirschten sich bis an den Ausgang heran. Draußen hüpfte der falsche Weihnachtsmann auf einem

Bein herum wie Rumpelstilzchen und verzog das Gesicht vor Schmerzen. Die Frau ging in die Knie und sammelte hastig zersplitterte Stücke ein, die wie Eiszapfen aussahen. Zwei fremde Männer, ausgerüstet wie Bergsteiger, versuchten ebenfalls, die Splitter zu ergattern.

„Ist das ein Bergkristall?", murmelte Fee. „Streiten die sich etwa um ein kaputtes Stück Glas? Was soll denn der Quatsch?"

Plötzlich ertönte ein bekanntes Quieken. Das Minischwein Moses wackelte in Höchstgeschwindigkeit auf Lille zu und machte vor Glück eine kleine Pfütze direkt vor ihre Füße.

„Moses!", kreischte Lille. „Wo kommst *du* denn auf einmal her?"

„Eigentlich sollten wir fragen, was *ihr* hier macht", ertönte die Stimme von Onkel Paul. „Warum seid ihr ohne ein Wort verschwunden? Zum Glück hat Moses Lilles Spur verfolgt, und so haben wir euch gefunden. Ein richtiges Superschwein, der Kleine."

„Aber echt!", riefen Maja und Karolina im Chor. „Wir haben uns schon totale Sorgen gemacht."

Fee drängte sich zu Onkel Paul durch und erzählte aufgeregt: „Wir haben den Mann und die Frau aus dem Igluzelt verfolgt und als Spione entlarvt!"

„Sie haben Tante Bärbels geheime Eisrezepte geklaut, um sie weiterzuverkaufen, und jetzt streiten sie sich mit zwei anderen Dieben herum", ergänzte Tim. „Die Eisrezepte sind aber noch in ihrem Besitz, denn in der Höhle haben sie nur jede Menge *Blabla* zurückgelassen." Er zeigte mit dem Finger auf die Streithähne.

„Was?", polterte Onkel Paul empört. „Ich verstehe zwar gerade nur Bahnhof, aber die Sache können wir sicher schnell klären." Er schnappte den falschen Weihnachtsmann fest am Arm und rief: „So, mein Freundchen. Was ist hier los? Habt ihr euch Bärbels Eisrezepte unter den Nagel gerissen? Raus mit der Sprache!"

Schnitzeljagd ins Ferienglück

Wenig später saßen Lille, Fee, Maja und Karolina zusammen mit Tim, Tom und Onkel Paul an dem Holztisch vor der Milchbar und frühstückten.

„Puh!", stöhnte Lille. „Keine Ahnung, was passiert wäre, wenn Moses uns nicht erschnüffelt hätte."

„*Spione*", sagte Maja spöttisch. „Ihr habt ja 'ne Meise. Wie kommt ihr denn auf so was?"

Tim zuckte verlegen mit den Schultern. „Sah alles danach aus. Das Mikro im Gras. Die vielen Antennen und der ganze Technikkram."

Karolina zwinkerte Tom zu. „Zum Glück hast du bei dem ganzen Unsinn nicht mitgemacht. Sonst hättest du am Ende noch Schnuppe verdächtigt."

Tom lief rot an. „Quatsch!"

Fee schüttelte unwillig den Kopf. „Macht euch nur lustig. Aber ein bisschen so was wie Spione waren der Weihnachtsmann und seine Frau ja doch. Sonst wären sie wohl kaum so überstürzt abgereist." Sie zeigte auf den leeren Grasfleck, wo zuvor noch das Igluzelt gestanden hatte.

„Und was wollten die anderen Leute bei der Höhle von ihnen?", fragte Lille verwirrt.

„Das sind alles Erwachsene, die in ihrer Freizeit auf Schatzsuche gehen. Das Ganze nennt sich *Geocaching*. Erinnert ihr euch? Jemand versteckt etwas, meistens nur eine Kleinigkeit", erklärte Onkel Paul. „Dann setzt man eine Schatzkarte mit Hinweisen oder geografischen Koordinaten ins Internet – und jeder, der Lust hat, macht bei der Suche mit. Das Versteck kann mit einem Satellitennavigationsgerät, wie es zum Beispiel in ganz vielen Handys installiert ist, aufgespürt werden. Wenn man den Schatz entdeckt hat, darf man ihn behalten und muss dafür etwas anderes hinterlassen, was den nächsten Schatzsucher erfreut. Oder man lässt den Schatz zurück und trägt sich dafür in eine Art Logbuch ein, das beweist, dass man das Versteck gefunden hat. Unsere Schatzsucher haben sich gegenseitig ausspioniert, sogar mit Funkgeräten und Mikros, weil sie den Schatz unbedingt als Erste heben wollten. Das ist wie Schummeln bei Mau-Mau – total daneben."

Fee nickte eifrig. „Und hier war der Schatz dieser tolle Bergkristall. Unsere Nachbarn aus dem Igluzelt haben ihn den anderen zwei Schatzsuchern vor der Nase weggeschnappt und nur den *Blablabla*-Zettel dagelassen. Voll fies. Um die Wette Schatzsuchen finde ich ja schon lustig, aber bitte ohne mogeln!"

Karolina trank nachdenklich ihren Becher Kakao leer.

„Hm, eine stinknormale Schnitzeljagd, also so ganz ohne Internet, wie auf meiner letzten Geburtstagsparty, würde ich schon gern mal wieder machen", sagte sie dann. „Habt ihr auch Lust?"

Lille sprang auf. „Super Idee! Wir müssen sowieso noch hierbleiben, wenn wir Schnuppe nicht allein lassen wollen. Eigentlich könnten wir auch gleich die ganze Woche hier zelten, oder? Und dann einfach die Gegend erkunden und Ausflüge machen." Sie zwinkerte den Zwillingen zu. „Ihr seid natürlich dabei, wenn ihr euch gut benehmt."

Karolina klatschte begeistert in die Hände. „Au ja. Ich weiß auch schon genau, wie wir es machen: Für die Schnitzeljagd reite ich auf Bonnie vor und verstecke ein paar coole Schätze. Du hast doch bestimmt haufenweise Süßigkeiten im Planwagen gebunkert, oder, Onkel Paul?"

„Möglich ist es", gab er lachend zu.

Tim war vor Aufregung ganz hibbelig. „Klasse. Und Tante Bärbel hat uns einen Preis versprochen, wenn wir ihr supergeheimes Eisrezept von gestern erraten. Dafür müssen wir das Eis natürlich noch mal probieren. Das sage ich ihr gleich, damit sie genug davon macht. Vielleicht spendiert sie uns noch was für die Schnitzeljagd."

Er schoss wie ein geölter Blitz los und verschwand in die Küche.

Fee sah sich um. „Ich werde trotzdem die Augen offen halten. Nur weil unsere Spione keine echten Spione waren, heißt das noch lange nicht, dass die Kuh vom Eis ist. Wir haben einfach Schwein gehabt und Moses hatte den richtigen Riecher. Also, was ist? Dürfen wir bleiben, Onkel Paul?"

Onkel Paul lachte vergnügt. „Och, ich hab nichts dagegen. Ich habe gehört, dass unsere Bärbel nicht nur leckeres Eis erfindet, sondern auch einen fantastischen Obstkuchen backen kann." Er schnippte beschwingt mit den Fingern. „Also, worauf wartet ihr noch? Auf zur Schatzsuche! Ich bin mir sicher, dass ihr Schnüffelnasen jede Menge tolle Sachen findet."

Die Mädchen jubelten und fielen sich gegenseitig in die Arme.

Onkel Paul nutzte den Moment und gab Karolina einen heimlichen Wink. Er zog sie zur Seite und flüsterte: „Los, wir beide schauen, ob wir in meiner Kiste noch ein wenig Süßkram finden, den du im

Wald verstecken kannst. Und dann zeichnen wir eine richtig knifflige Schatzkarte, an der sich die anderen die Zähne ausbeißen." Er rieb sich voller Vorfreude die Hände. „Wer braucht denn für so was schon das Internet?"

Schätze überall

„Du sagst es!" Grinsend folgte Karolina Onkel Paul in den Planwagen.

Dort wühlten sie gemeinsam in der alten Holzkiste herum, die Onkel Paul klugerweise eingepackt hatte.

Was da alles zum Vorschein kam! Ein Kompass in einer weichen Lederhülle, eine uralte Wasserflasche aus Aluminium mit jeder Menge Dellen (Onkel Paul behauptete, er hätte sie von einem Freund geschenkt bekommen, der früher einmal Eisbären am Nordpol erforscht hatte), eine Minikamera, mit der man Sofortbilder knipsen konnte, und eine Riesentafel Schokolade mit Nüssen. Die war mindestens ein halbes Pfund schwer.

„Leeeeeecker!", stöhnte Karolina, die eine richtige

Naschkatze war. „Davon will ich aber unbedingt ein Stück abhaben."

Onkel Paul und Karolina packten einen großen Rucksack voll mit Schätzen, und ganz zum Schluss holte Onkel Paul sogar noch ein paar Blatt echtes Pergamentpapier, einen wasserfesten Tuschestift und ein Bündel bunter Bänder aus seinem Koffer hervor.

„Auf das Papier zeichnen wir die Hinweise und pinnen sie an Bäume, zu denen wir unsere Schatzsucher mit den Bändern hinlotsen", erklärte er Karolina, die aufgeregt von einem Fuß auf den anderen hüpfte. „Sattle du schon mal Bonnie, ich begleite dich mit meinem Klappfahrrad. Gemeinsam geht es schneller."

Karolina stieß einen Jubelschrei aus. „Onkel Paul, du bist einfach genial! Echt schade, dass du kein Spion geworden bist. Du hättest wirklich das Zeug dazu."

Onkel Paul lachte. „Na, vielleicht denke ich mal darüber nach. Wenn es mir in der Apotheke irgendwann zu langweilig wird …"

Als sie gerade losritten – Karolina auf Bonnie und Onkel Paul auf seinem Drahtesel –, kam Tom mit einem Stoffbeutel hinterhergehechelt.

„Wartet!", rief er. „Tante Bärbel hat ihren Süßigkeitenschrank geplündert."

Karolina strahlte. „Cool! Ist da auch Wegzehrung für uns dabei?"

Tom nickte eifrig. „Na klar, was denkst *du* denn? Schatzverstecker wie wir dürfen doch keinen Hunger leiden."

Karolina klopfte auf ihren Sattel. „Dann steig schnell auf. Hier oben ist genug Platz für zwei."

Das ließ sich Tom nicht zweimal sagen. Er gab Bonnie einen sanften Klaps auf den Po und los ging es in Richtung Wald.

„Bei so einer tollen Schnitzeljagd hab ich noch nie mitgemacht!", rief Maja und schoss begeistert ein Foto von sich und Lille mit der kleinen Sofortbildkamera, die sie gerade in einem Kaninchenloch gefunden hatte.

Die Kinder sahen alle selbst aus wie verpackte Geschenke, weil sie sich die bunten Bänder, die ihnen den Weg wiesen, übermütig in die Haare und um die Handgelenke gebunden hatten.

„Ein Kompass! Wie abgefahren!", rief Tim in diesem Augenblick. „Komm, Fee, der hilft uns bei der Schatzsuche. Hier steht: Gehe zwanzig Schritte nach Norden, dann drehe dich vier ganze Nasenlängen nach Westen und hopple wie ein Häschen zwanzig Meter nach Südwesten."

Sie nahmen sich an der Hand und befolgten die Anweisung der beiliegenden Schatzkarte.

„Meine Lieblingssorte", sagte Fee und griff nach der Schokolade, die direkt über ihrem Kopf aus einer Birke baumelte.

Sie setzte sich auf einen Baumstamm und teilte die Monstertafel großzügig mit Lille, Maja und Tim.

Lille trug ein Lederband mit einem blauen Stein um den Hals, das sie als ersten Schatz in einem verlassenen Vogelnest gefunden hatte.

Zwischendurch nahm sie die Kette immer wieder ab, um den Stein zu bewundern, so schön fand sie ihn.

„Ein paar Riegel heben wir für Karo auf", bestimmte Fee. „Puh. Jetzt hab ich aber Durst."

„Kein Problem!", rief Lille und holte die Wasserflasche hervor, die sie gemeinsam am Bach entdeckt und mit frischem Wasser gefüllt hatten. „Es gibt genug für uns alle."

Es war bereits nach vier, als die Schatzsucher gut gelaunt wieder auf dem Bauernhof eintrudelten.

„Wisst ihr, was ich doof finde?", fragte Lille. „Unsere Schatzverstecker haben selbst gar keinen Schatz gefunden. Ist doch irgendwie traurig." Sie machte plötzlich ein ganz betrübtes Gesicht.

„Kein Problem!", rief Bärbel, die ihnen gerade frisch gebackenen Apfelkuchen als Stärkung brachte. „Da findet sich bestimmt noch etwas in meiner Kammer."

Und so staunten Karolina, Tom und Onkel Paul nicht schlecht, als sie eine Viertelstunde später auf den Hof ritten: Aus Karolinas Rucksack lugte ein superschickes knallrotes Reiterkäppi, Tom entdeckte einen nagelneuen Fußball in seinem Schlafsack und

Onkel Pauls Lesebrille hing an einem geflochtenen Hirschlederband – ein Schatz, über den er sich besonders freute, weil er seine Lesebrille sonst immer überall liegen ließ. Zuletzt sogar im Hühnerstall!

Bärbel brachte selbst gemachte Waldmeisterlimonade und Vanilleeis für den Apfelkuchen. Und dann bewunderten erst einmal alle gegenseitig ihre Schätze. Onkel Paul holte noch einen zweiten Film für Majas Minikamera, damit sie alles festhalten konnte. Und schließlich durfte Schnuppe zum ersten Mal aus dem Stall auf den Hof. Zufrieden ließ sie sich von Tom mit Äpfeln füttern.

„Ich freue mich, dass es euch bei uns so gut gefällt", sagte Bärbel lächelnd und schenkte sich selbst von der Limonade nach.

„Das sind meine schönsten Ferien überhaupt", murmelte Lille und schnappte Tom den allerletzten rotbackigen Apfel aus dem Obstkorb vor der Nase weg.

„Und stellt euch mal vor, die Woche hat gerade erst begonnen", seufzte Maja zufrieden.

„Ein Glück", sagte Karolina und kuschelte sich an Schnuppes Hals.

„Langweilig wird es hier auf keinen Fall", prophezeite Fee selbstbewusst. „Denn wie mein Papa immer sagt: Wenn man unterwegs ist, lauert an jeder Ecke ein Abenteuer. Man kann es regelrecht in der Luft riechen."

Und damit streckte sie ihre Nasenspitze höchst erwartungsvoll in den blauen Himmel.

Inhalt

Kroko ahoi!	129
Ein zuckersüßer Heuler	137
Bobby	142
Ein musikalischer Vierbeiner	150
Bobby wird eingeschult	161
Ein kühner Plan	172

Herr Klemens wundert sich	184
Attentat im Hühnerstall	193
Gute Freunde	205
Getrennte Wege	209
Ein dreister Dieb	216
Die Krabbe sieht rot	223
Bobbysitting	229
Ein Held im Hühnerstall	237

Kroko ahoi!

Es war der allerletzte Ferientag.

Die warme Spätsommersonne sorgte noch einmal für richtig super Wetter, sodass es am Badesee vor Kindern nur so wimmelte.

Lille, Fee und Maja hatten ein schattiges Plätzchen unter den Birken ergattert und lagen auf ihren bunten Badetüchern im Gras.

„Wo bleibt eigentlich Karolina?" Maja sah sich suchend um. „So langsam könnte sie wirklich mal kommen. Ich will doch mein Kroko mit euch allen einweihen, bevor die Schule wieder losgeht."

Majas Mutter hatte ihr zum Zeugnis eine echt witzige Luftmatratze geschenkt. Die sah aus wie ein Krokodil und war riesig. Doch dann wurden die Sommerferien so aufregend, dass Maja noch kein einziges Mal mit dem Kroko im See herumgepaddelt war.

„Na endlich!", rief Lille in diesem Moment. „Da vorn kommt sie angetrabt."

„Brrrr!" Gehorsam blieb Karolinas Haflingerstute Schnuppe vor den drei Freundinnen stehen und warf übermütig den Kopf nach hinten.

„Wo warst du denn so lange?", fragte Maja etwas ungehalten. Wenn sie sich etwas vorgenommen hatte, konnte sie schrecklich ungeduldig werden.

Karolina machte ein verlegenes Gesicht. „Ach, ich hab nur einen kurzen Abstecher zu Tim und Tom gemacht. Ich dachte, die Zwillinge hätten auch Lust auf schwimmen. Eigentlich war das Zelten mit ihnen doch ziemlich lustig, oder? Aber heute waren sie schon wieder voll blöd. Haben nur so albern getuschelt und sind dann einfach weggelaufen."

Lille nickte wissend. „Typisch Jungs." Sie sprang auf. „Los, lasst uns nicht noch mehr Zeit vertrödeln. Ab ins Wasser!" Sie schnappte sich Majas Krokodil und rannte los.

„Hey, warte! Ich zuerst!", brüllte Maja.

Fee und Karolina folgten ihnen eilig. Kreischend warfen sich die Mädchen auf das knallgrüne Krokodil und strampelten damit wie verrückt durch den See.

„Ganz ehrlich. Ich hab richtig Schiss wegen morgen", sagte Fee, als die vier durch das Wäldchen zurück zum Sternenhof liefen.

Es war schon später Nachmittag und die Sonne wärmte die Mädchen mit ihren letzten Strahlen. Schnuppe trabte gemächlich hinterher, mit dem schlappen Kroko über ihrem Sattel.

„Warum denn?", fragte Maja verwundert.

„Ist doch klar", antwortete Lille für Fee. „Der erste Tag an einer neuen Schule ist praktisch wie Einschulung."

Karolina grinste. „Dann braucht Fee aber auch eine Schultüte."

Maja legte den Arm um Fee und sagte: „Jetzt mal im Ernst. Unsere Lehrer sind okay. Manchmal tickt unsere Klassenlehrerin Frau Wetterstein zwar aus und brüllt kurz rum. So wie meine Mama, wenn sie müde von der Nachtschicht kommt und ich mal wieder alles zugemüllt habe. Aber dann kriegt sie sich auch ganz schnell wieder ein."

Fee seufzte. „Mein Papa schreit nie."

Das stimmte allerdings. Aber Fees Vater war eine echte Ausnahme. Er war von Beruf Clown und verlor auch im richtigen Leben nie die Nerven.

„Ich hab Frau Wetterstein gern", sagte Karolina. „Sie ist tierlieb. Ich durfte sogar mal mit Schnuppe auf den Schulhof reiten, das war am Haustiertag."

„Sie kann es nur nicht leiden, wenn man ihr Streiche spielt", ergänzte Lille. „Einmal hat Tim ihr Juckpulver auf den Pullover gepustet." Sie kicherte. „Da war aber was los!"

„So was mache ich nicht", erwiderte Fee. „Ist mir zu doof." Sie runzelte die Stirn. „Und es klingt auch gar nicht nach Tim. Das war bestimmt Tom. Frau Wetterstein hat die Zwillinge sicher verwechselt."

Karolina schüttelte heftig den Kopf. „Du kannst das gar nicht wissen, weil du nicht dabei warst." Sie kickte aufgebracht einen Stein mit dem Fuß weg. „Aber wieder einmal weiß Fee alles besser."

Lille schaute Karolina und Fee verständnislos an. „Habt ihr euch gerade wegen Tim und Tom in der Wolle?" Sie tippte sich gegen die Stirn.

„Nö, wie kommst du darauf?", antworteten Fee und Karolina wie aus einem Mund. Karo wurde dabei allerdings ein bisschen rot.

Eine ganze Weile liefen die vier Freundinnen daraufhin stumm nebeneinanderher. Nur Schnuppe schnaufte ein paarmal leise hinter ihnen und schließlich stupste die Stute Karolina sogar an.

„Stopp mal", rief Karolina. „Ich glaube, Schnuppe will uns was sagen."

„Wieher, wieher, wieher!", sagte Fee spöttisch.

„Ich lach mich schlapp", schnaubte Karolina. Sie tätschelte liebevoll Schnuppes Hals und flüsterte ihr leise zu: „Los, meine Süße. Zeig uns, was du sagen willst."

Fee hatte für so ein Getue überhaupt kein Verständnis. „Ein Pferd ist doch kein Hund", meinte sie genervt.

Lille zwickte sie in den Arm. „Lass Karo doch einfach machen."

Wie aufs Kommando warf Schnuppe den Kopf zurück, änderte die Richtung und trabte auf einem abzweigenden Waldweg davon.

„Hey, geht's da nicht runter zum Bach?", rief Lille. „Vielleicht hat Schnuppe einfach nur Durst."

Karolina schlug sich mit der flachen Hand gegen die Stirn. „Ja, klar! Du hast Recht, Lille." Sie rannte Schnuppe eilig hinterher.

Fee staunte. „Ziemlich schlau für ein Pferd." Fee eckte mit ihrem Sturkopf zwar oft an – sie gab aber sofort zu, wenn sie sich geirrt hatte. „Dann können wir auch gleich am Hochsitz Halt machen", schlug sie vor. „Ich habe da noch Schokolade gebunkert. Von Mama. Ich brauche dringend Nervennahrung für morgen."

Fees Mutter wohnte nicht auf dem Sternenhof.

Denn sie und Fees Vater waren getrennt und Fees Mutter lebte weit weg in Spanien. Weil die beiden sich nicht oft sahen, schickte Fees Mutter regelmäßig lustige Überraschungspakete.

In den Hochsitz im Wald verzog sich Fee, wenn sie mal allein sein wollte. Von dort oben konnte man alles beobachten, ohne selbst gesehen zu werden. Manchmal las Fee im Hochsitz die Briefe von ihrer Mutter, oder sie schrieb Gedichte, die sie ihrem Hamster Faust vorlas, wenn sie nicht einschlafen konnte. Hamster waren ja zum Glück nachtaktiv.

Schnuppe latschte schnurstracks in den Bach und trank so durstig wie ein Kamel.

„Lass noch was für die Fische zum Schwimmen übrig, Schnuppe", sagte Fee grinsend.

„Ich hab auch Durst, aber auf Limo", quengelte Maja. „Los, Leute. Ich will nach Hause."

In diesem Augenblick ertönte ein lautes Jaulen.

Schnuppe schnaubte nervös.

„Ruhig, ganz ruhig", versuchte Karolina, ihre Haflingerstute zu beruhigen.

„Was kann das nur sein?", fragte Fee.

„Vielleicht ein Werwolf", witzelte Lille.

„So ein Quatsch", sagte Karo. Aber sie machte ein ganz besorgtes Gesicht. Von wilden Tieren, ob echt oder nicht, hielt sie nicht viel.

Das Jaulen wurde lauter.

„Das kommt da vorn aus dem Busch!", rief Maja aufgeregt.

„Will ich sehen!", rief Fee und stürzte sich todesmutig in das Gestrüpp.

Ein zuckersüßer Heuler

„Die Zwillinge!", kreischte Fee eine Sekunde später und zerrte die zwei Nachbarsjungen aus dem Gebüsch. „Spioniert ihr uns etwa nach?" Sie schüttelte empört den Kopf.

„Unmöglich!", stimmte Karo ärgerlich ein. „Das hätte ich nicht von dir gedacht, Tom. Schnuppe kann so eine Aufregung überhaupt nicht vertragen. Das weißt du doch."

Tom machte ein unglückliches Gesicht. „Sorry, Kiki. Es ist ganz anders, als du denkst." Er tätschelte Schnuppes Hals. „Hallo, Süße. Ist ja alles gut."

„Finger weg von meinem Pferd", rief Karolina und schubste ihn zur Seite.

„Finger weg von meinem Bruder!", rief Tim und schubste Karolina.

Karolina wurde krebsrot und stürzte sich wütend auf Tim.

Plötzlich ging das Gejaule wieder los. Karolina blieb wie angewurzelt stehen.

Fee sah Tim an. „Hast du heimlich Bauchreden geübt?" Sie traute ihm anscheinend einiges zu.

Die Zwillinge wechselten einen schnellen Blick. „Äh, hmm, ja …", stotterte Tim.

„Cool!" Fee strahlte ihn an. „Mach noch mal."

Tim wand sich wie ein Regenwurm. „Nee, das geht noch nicht auf Kommando."

Fee wirke ziemlich enttäuscht. „Schade. Probier's doch wenigstens!"

Tim verrenkte seinen Unterkiefer auf merkwürdige Weise und im selben Moment jaulte es wieder.

„Super!" Fee klatschte begeistert in die Hände.

„Sofort Schluss mit dem Blödsinn!", rief Karo. „Schnuppe kriegt total Angst!" Sie konnte die Stute kaum noch am Führstrick halten.

„Okay, hast ja Recht", sagte Fee. „Aber du bist wirklich super, Tim. Echt wahr!"

Doch Tim heulte weiter wie eine Heulboje auf hoher See.

„Aufhören!", befahl Lille streng.

Schnuppe bäumte sich verängstigt auf und Karolina wich alle Farbe aus dem Gesicht. „Ihr seid so gemein!"

„Kiki, bitte nicht böse sein!", rief Tom verzweifelt. „Das ist doch gar nicht Tim. Das ist Bobby." Er verschwand im Gebüsch und kam mit einem wimmernden Bündel im Arm zurück.

„Das war doch bloß Bobby", wiederholte er und seine Stimme zitterte. „Er ist noch ziemlich klein und fühlt sich gerade nicht so gut. Er vermisst seine Mutter und seine Geschwister, glaube ich."

Tom drückte den in eine grüne Wolldecke gewickelten

Welpen liebevoll an sich. Der kleine Hund beruhigte sich und begann, an Toms T-Shirt rumzukauen.

„Ist *der* süß!", rief Karolina. „Gehört er dir?" Sie vergaß augenblicklich ihren Ärger und strahlte Tom an.

„Uns", antwortete Tim für seinen Bruder.

„Seid ihr deshalb vorhin so doof zu mir gewesen?", fragte Karolina vorwurfsvoll.

„Tut mir leid, Kiki", entschuldigte sich Tom.

„Warum habt ihr uns denn nichts von dem Hund erzählt?", fragte Fee. „Wir hätten es sowieso rausgekriegt. Ist doch cool. Jetzt hat jeder von uns ein Haustier."

Tim zuckte mit den Schultern. „So einfach ist das nicht …"

„Warum nicht?", bohrte Fee nach. „Lass mich raten. Ihr habt ihn irgendwo stibitzt."

„Fee!", rief Tim empört. „Traust du mir so etwas zu? Wir haben Bobby ganz normal geschenkt bekommen."

„Und was ist dann euer Problem?", wollte Fee wissen.

„Papa weiß noch nichts von Bobby", flüsterte

Tom, als könnte sein Vater ihn hören. „Und er darf auch nie etwas von ihm erfahren."

Lille sah die Zwillinge verdutzt an. „Aber das klappt doch nie im Leben. Ihr könnt Bobby nicht für immer vor ihm verstecken."

Tom ließ den Kopf hängen. „Nee", flüsterte er. „Da hast du Recht. Das schaffen wir nicht."

Bobby schien seinen Kummer zu spüren, denn er fing wieder an zu wimmern. Dieses Mal allerdings nur ganz leise. Auch Schnuppe senkte ihren Kopf und schnaubte traurig.

„Jetzt muss ich auch gleich heulen", sagte Karo mit belegter Stimme.

„Nix da!", rief Fee. „Jetzt mal Klartext, ihr trüben Tassen!" Sie klang so energisch, dass selbst Bobby und Schnuppe verstummten. „Erzählt uns die Geschichte noch mal ganz von vorn. Ich verstehe nämlich gerade nur noch Bahnhof."

Bobby

Tom ließ sich auf den Boden plumpsen, wickelte die Wolldecke noch fester um Bobby und hielt ihn behutsam fest. Der Welpe seufzte noch einmal zufrieden und schloss dann die Augen.

Tim setzte sich direkt neben seinen Bruder und bewachte Bobbys Schlaf, während sich die Mädchen in einem Halbkreis um die Zwillinge hockten.

„Frau Ebel vom Kinderbauernhof hat uns Bobby geschenkt", begann Tom. „Wir führen nämlich ihre Anka spazieren, wenn sie selbst keine Zeit hat, und manchmal gibt sie uns sogar ein paar Euro dafür. Aber darum geht es nicht. Tim und ich wünschen uns schon eine halbe Ewigkeit einen eigenen Hund. Unser Hofhund Ajax ist ja schon uralt und hat keine Lust mehr zu spielen. Der liegt immer nur faul vor seiner Hundehütte. Selbst unsere Hühner tanzen ihm auf der Nase herum."

Maja kicherte. Sie liebte Hühner und fand es witzig, dass die Hühner auf Brims' Schweinehof ihren Mittagsschlaf oft auf dem Rücken des Hofhunds hielten.

Tim nickte seinem Bruder zu und fuhr fort: „Vor drei Monaten hatte Anka einen Wurf mit neun Welpen. Acht haben ein neues Zuhause gefunden, nur Bobby ist übrig geblieben. Und deshalb hat Frau Ebel uns Bobby geschenkt, weil wir immer gut auf Anka aufpassen. Sie sagt, wir sind vernünftig und alt genug für einen eigenen Hund. Und damit hat sie Recht." Der letzte Satz klang ziemlich trotzig.

„... aber euer Vater findet das nicht", brachte Fee die Sache auf den Punkt.

„Richtig", sagte Tom mit Grabesstimme. „Frau Ebel hat gesagt, wenn Papa nicht erlaubt, dass Bobby bei uns bleibt, müssen wir ihn zurückbringen. Aber das machen wir nicht, kommt nicht in die Tüte." Sein wild entschlossener Blick ließ keinen Zweifel daran, dass er es ernst meinte.

„Oje", seufzte Lille. Bauer Brims war eine echt harte Nuss. Mit ihm hatten die Mädchen schon ihre ganz eigenen Erfahrungen gemacht.

„Moses durfte ja am Ende auch auf dem Sternenhof bleiben, obwohl eure Eltern vorher totales Theater gemacht haben", sagte Tom. Er sah hoffnungsvoll in die Mädchenrunde. „Vielleicht kann Bobby bei Moses im Stall bleiben, bis uns ein Geistesblitz kommt, wie wir unseren Vater rumkriegen. Dann hätte Moses auch jemanden zum Spielen."

Lille schrie auf. „Wie stellst du dir das denn vor? Meine Mutter hat sich gerade erst von dem Schock erholt, dass mein Minischwein ihren halben Krimi verspeist hat. Wenn jetzt noch ein Hund bei uns einzieht, wandert sie aus!"

Tim grinste. „Jetzt übertreibst du aber. Ein Welpe ist viel unkomplizierter als ein Schwein."

Maja schüttelte resolut den Kopf. „Nee, vergiss es. Meine Hühner würden Bobby alle Federn einzeln ausrupfen."

„Hunde haben gar keine Federn", widersprach Tim.

„Trotzdem", sagte Fee. „Maja und Lille haben Recht. Auf dem Sternenhof können wir Bobby nicht verstecken."

„So leid es uns tut", fügte Karolina hinzu und sah Tom mitfühlend an. „Was passiert denn jetzt mit ihm?"

„Nachts schmuggeln wir Bobby in unser Zimmer", sagte Tom. „Und tagsüber, wenn Papa arbeitet, kriegt er sowieso nichts mit. Aber die Schule ist ein riesiges Problem."

Fee kaute nachdenklich auf ihrer Unterlippe herum. „Das ist echt verzwickt. Warum habt ihr euch keinen Hamster zugelegt? Mein Faust verschläft den ganzen Tag. Der wacht erst auf, wenn ich Zeit zum Spielen habe. Im letzten Jahr bin ich sogar dreimal problemlos mit ihm umgezogen."

„Na ja", widersprach Karolina ihr. „Als du auf den Sternenhof gekommen bist, hatte Faust ziemliche Schlafstörungen. Das hast du selbst gesagt."

„Das stimmt schon", pflichtete Maja ihr bei, „aber trotzdem sind Hamster sehr pflegeleichte Tiere. Und meine Hühner sind vormittags mit Eierlegen beschäftigt."

„Und Schnuppe mit Herumtraben auf der Weide und Moses damit, Lilles Mama auf die Palme zu bringen", frotzelte Tim. „Was habt ihr nur alle für tolle pflegeleichte Vierbeiner!"

„Zweibeiner. Hühner sind *Zweibeiner*", korrigierte Maja ihn.

„Und ihr seid achtbeinige Besserwisserinnen!", regte sich Tim auf.

„Selber!", fauchte Fee zurück, und schon gingen die Streitereien wieder los.

„Wuff, wuff, wuff!" Bobby begann, aus Leibeskräften zu bellen, und Schnuppe wieherte genervt.

„Ich hab eine Idee!", rief Karolina plötzlich.

Alle verstummten schlagartig, selbst Bobby und Schnuppe wurden sofort still.

„Ihr nehmt Bobby einfach mit in die Schule. Der

alte Musikraum wird doch nicht mehr benutzt, seit der große Flügel in der Aula steht. Ich weiß, dass Frau Wetterstein den Schlüssel im Pult liegen hat, weil ich mitgeholfen habe, das Glockenspiel in die Aula zu tragen. Im Musikzimmer gibt's auch ein kuscheliges Sofa. Darauf könnten wir Bobby ein gemütliches Lager einrichten."

„Hört sich gut an. Aber was ist, wenn er mal muss?", hakte Fee nach.

Lille setzte ein wichtiges Gesicht auf. „Da bin ich Expertin. Moses habe ich schließlich auch stubenrein bekommen."

Karolina sah die beiden Jungs erwartungsvoll an. „Was meint ihr dazu?"

Tom wirkte skeptisch. „Ich bin mir nicht sicher. Dann ist er ja den ganzen Vormittag allein."

Karolina schüttelte ungeduldig den Kopf. „Unsinn. Wir können uns in den Pausen doch abwechselnd um Bobby kümmern."

„Okay", beschloss Tim. „Dann machen wir das so. Oder hast du eine bessere Idee, Tom?"

Tom streichelte sanft über Bobbys weiches Fell. „Nee, leider nicht. Obwohl mir bei der ganzen Sache echt mulmig zumute ist."

„Das hättet ihr euch früher überlegen müssen", sagte Fee, die gern bei den Fakten blieb. „Ich find's cool. Dann bin ich wenigstens nicht die Einzige, die morgen ihren ersten Schultag hat. Darf ich ihn auch mal streicheln?"

Sie streckte vorsichtig ihre Hand aus und ließ Bobby zunächst daran schnuppern, bevor sie ihn am Ohr kraulte.

„Der ist ja total flauschig!", sagte sie zärtlich. „Wie mein Faust."

Die Kinder streichelten den Kleinen nacheinander und Bobby schnaufte zufrieden.

„Also", fasste Lille zusammen, „die Zwillinge schmuggeln Bobby morgen in die Schule, ich lenke Frau Wetterstein mit Fee ab, damit sich Karo den Schlüssel schnappen kann, und Maja steht Schmiere, damit euch niemand erwischt, wenn ihr das Musikzimmer entert. So weit alles klar?"

Alle nickten eifrig.

„Prima!", meinte Lille zufrieden. „Dann kann *Operation Schnüffelnase* ja beginnen."

Ein musikalischer Vierbeiner

In dieser Nacht konnte Fee wieder einmal nicht schlafen. Die Gedanken an den nächsten Tag wühlten sie einfach zu sehr auf.

„Du musst Bobby unbedingt mal kennenlernen", erzählte sie ihrem Hamster Faust, der eifrig seine Runden im Laufrad strampelte. „Er hat genauso ein flauschiges Fell wie du."

Weil sie ohnehin wach war, wollte sie an ihrem Gedichtband weiterschreiben. Der Titel lautete:

Traurige, sehr traurige und todtraurige Gedichte.

Aber irgendwie war es wie verhext. Heute kamen ihr nur alberne Quatschgedichte in den Sinn.

**Ein Hamster wünschte sich ein Rad,
Drum klaute er sich ein Stück Draht
Und formte sich den Flitzer
Geschickt als Doppelsitzer.
Dem netten Hamstermädchen
Gefiel sein neues Rädchen.
Nun radeln sie zu zweit,
Was ihn viel mehr erfreut.**

„Peinlich", sagte Fee, als sie Faust das Gedicht vorlas. „Echt peinlich, oder? Das ist für mein Buch nicht zu gebrauchen."

Sie legte das beschriebene Blatt ganz unten in die Schublade.

„Hoffentlich ist Frau Wetterstein wirklich so nett, wie die anderen sagen", grübelte sie. „Ich bin gespannt, neben wem ich sitzen werde. Am liebsten neben Lille. Maja ist immer so aufgedreht wie ihre Hühner. Und Karo malt garantiert die ganze Zeit Pferde in ihr Heft."

Sie lümmelte sich auf ihr Bett und schaute in den Sternenhimmel. *Was Mama wohl gerade macht?* Sie schaute auf die Uhr. Schon fast drei. Die schlief bestimmt schon, oder sie arbeitete noch an einer Übersetzung. So ein Buch in eine andere Sprache zu übertragen, war nämlich ziemlich schwer.

Ob Bobby jetzt auch schon tief und fest schlief? Hoffentlich durften die Zwillinge den kleinen Hund behalten. Fee wünschte es den beiden von ganzem Herzen.

Sie kuschelte sich in ihre Bettdecke ein und gähnte. *Ich könnte mir ja selbst ein Schlaflied singen,* überlegte sie. Maja sang ihren Hühnern auch oft was vor. Plötzlich fiel Fee das Quatschgedicht wieder ein. Sie wusste sogar den Text noch. Eine Melodie schoss ihr durch den Kopf. Die von der Vogelhochzeit. Sie passte haargenau auf ihren Reim. Fee begann zu singen:

Ein Hamster wünschte sich ein Rad,
Drum klaute er sich ein Stück Draht.
Fiderallala, fiderallala, fiderallalalala.
Er formte sich den Flitzer
Geschickt als Doppelsitzer.
Fiderallala, fiderallala, fiderallalalala.

Faust schien das Lied zu gefallen. Er lief voller Begeisterung in seinem Laufrad zum Takt der Musik seine Runden und kaute dazu ein paar Körner aus seinen Backen. Die letzte Strophe bekam er jedoch nicht mehr zu hören. Denn Fee war bereits eingeschlafen.

Am nächsten Morgen ging auf dem Sternenhof alles drunter und drüber. Niemand schien es mehr gewohnt zu sein, früh aufzustehen, und so rannten alle herum wie aufgescheuchte Hühner.

Moses wuselte Lille ständig um die Füße herum, denn der Kleine merkte genau, dass heute ein ganz besonderer Tag war. Weil Lille ihn aber nicht beachtete, pinkelte er rotzfrech auf ihre Sandalen.

„Iiiii, du Ferkel!", kreischte Lille und warf das freche Schwein einfach hinaus.

Kurze Zeit später ging die Tür auf und Fees Vater Felix steckte seinen Kopf herein. „Ihr habt Moses ausgesperrt!", rief er.

Flink wie ein Wiesel raste Moses in die Küche und versteckte sich unter dem grünen Ecksofa.

„Ist Fee schon fertig?", rief Lille. „Wir müssen gleich zum Schulbus."

Felix schüttelte den Kopf. „Nein, die hat heute Nacht geschlafen wie ein Murmeltier. Ich musste meine kleine Schnarchnase richtig wachrütteln."

Lille schnappte sich ihre Schulbrote und steckte sie in den Rucksack. „Dann mache ich ihr mal Dampf", sagte sie. „Tschüss, Moses. Ich werd dich vermissen."

Sie schickte einen Luftkuss unter die Eckbank und rannte los.

„Fee, wo bleibst du denn?", rief Lille ungeduldig ins Wetterhäuschen, in dem Felix und Fee wohnten.

„Bin schon da." Fee stürzte mit hochroten Wangen aus der Tür. „Mama hat gerade noch angerufen, um mir viel Glück zu wünschen."

In diesem Moment kamen auch Karolina und Maja um die Ecke gebogen.

Karolina sah aus, als hätte ihr irgendwas ordentlich die Stimmung verhagelt.

„Lars hat seinen kompletten Bananenbrei auf mein neues Shirt gespuckt", sagte sie finster. „Ich sag euch: Schlimmer kann der Tag überhaupt nicht mehr werden."

„Jetzt krieg dich mal wieder ein", sagte Maja. „Man sieht den Bananenfleck gar nicht mehr."

„Fahren die Zwillinge mit uns im Schulbus?", fragte Fee gespannt. Denn dann mussten sie ja auch Bobby irgendwie reinschmuggeln.

Karolina nickte. „Manchmal bringt ihr Vater sie zur Schule, wenn er was in der Kreisstadt zu erledigen hat. Heute werden sie aber sicher nicht mit ihm fahren." Sie zwinkerte Fee verschwörerisch zu.

Die vier liefen eilig zur Bushaltestelle. Von den Zwillingen war jedoch weit und breit keine Spur. Erst als der Schulbus schon um die Ecke bog, tauchten die Zwillinge auf. Sie hetzten querfeldein über den Acker und winkten aufgeregt.

„Guten Morgen, Herr Fenn", grüßte Lille den Busfahrer freundlich. „Könnten Sie bitte noch einen Moment warten? Die beiden Brims-Jungs kommen dahinten."

Der Busfahrer schüttelte nur den Kopf. „Der erste Schultag und schon sind die Racker zu spät. Das geht ja gut los." Aber er wartete gutmütig, bis Tim und Tom in den Bus stolperten.

„Danke, Herr Fenn!", riefen sie im Chor. Mit hochroten Köpfen ließen sie sich auf die hinterste Sitzbank fallen.

Der Bus fuhr an und Karolina schlängelte sich zu den Zwillingen durch. „Wo ist Bobby?", fragte sie neugierig. „Habt ihr den Kleinen im Rucksack?"

„Nee. Hier ist er." Tom zog den Reißverschluss seiner Jacke ein kleines Stück auf und ließ Karolina hineinspähen.

Karolina riss erstaunt die Augen auf. Unter Toms Jacke kauerte der kleine Welpe friedlich in einem Tragetuch für Babys.

„Und Tim hat das Futter im Rucksack. Ein paar von den Schulsachen mussten wir dafür allerdings zu Hause lassen."

„Hoffentlich geht das gut", sagte Karolina. Die Fahrt zur Schule dauerte schließlich über eine halbe Stunde, und immer wieder musste der Bus anhalten, damit neue Schüler einsteigen konnten.

Tom nickte zuversichtlich. „Bobby schafft das schon."

Beim nächsten Stopp ging Karo zu ihren Freundinnen zurück.

„Hoffentlich klappt die Aktion", sagte auch Fee zweifelnd.

Und tatsächlich – an der vorletzten Haltestelle musste der Busfahrer stark bremsen, weil ein kreuzender Radfahrer nicht aufgepasst hatte. Herr Fenn hupte energisch und brüllte: „Das nächste Mal gefälligst die Augen aufmachen!"

Bobby stieß vor Schreck einen hohen Ton aus.

„Oh nein!", stöhnte Fee. „Bitte nicht."

Aber Bobby heulte ängstlich weiter.

„Was ist denn da los auf den billigen Plätzen?", witzelte der Busfahrer. „Übt ihr für den Schulchor?"

Da hatte Fee plötzlich einen Geistesblitz. „Ganz genau", rief sie aufgekratzt. „Ich singe meinen Freundinnen gerade ein Quatschlied vor." Bobby heulte weiter und Fee legte eilig los:

Ein Hamster wünschte sich ein Rad,
Drum klaute er sich ein Stück Draht.
Fiderallala, fiderallala, fiderallalalala.
Er formte sich den Flitzer
Geschickt als Doppelsitzer.
Fiderallala, fiderallala, fiderallalalala.

Beim zweiten *Fiderallala* hatte Lille kapiert, was Fee vorhatte, und sang laut mit. Bei der letzten Strophe grölte bereits der ganze Bus: *Fiderallala, fiderallala, fiderallalalala!*

„Das war ja eine lustige erste Fahrt", sagte der Busfahrer, als sie an der Schule ankamen.

„Danke, Fee", flüsterte Tim. „Du hast uns gerettet. Scheint so, als wäre Bobby musikalisch. Nach der zweiten Strophe hat er mit dem Jaulen aufgehört und stattdessen mitgebrummt."

Karolina kicherte und streckte den Daumen nach oben. „Prima. Dann ist er im Musikzimmer ja gut aufgehoben. Ich glaube, da stehen auch noch ein paar Pauken herum. Die kann er dann gleich mal ausprobieren."

Bobby wird eingeschult

Die Lindgren-Schule hatte einen riesigen Pausenhof mit vielen grünen Inseln zum Spielen. Sogar einen Buddelkasten für die Vorschüler gab es, der aussah wie ein Sandstrand am Meer.

Ziemlich cool, fand Fee, und ihre Bauchschmerzen wurden ein bisschen weniger. Außerdem hatte sie gar keine Zeit, groß über alles nachzudenken, denn jetzt war es vor allem wichtig, Bobby wie geplant in den Musikraum zu schmuggeln, ohne dass die Sache aufflog.

„Komm", sagte Lille und zog Fee an der Hand mit sich. „Frau Wetterstein ist sicher schon in unserer Klasse. Ich mache euch miteinander bekannt und Karo kümmert sich inzwischen um den Schlüssel, du weißt schon."

Fee nickte. In solchen Augenblicken bewunderte sie Lilles Mut und Tatendrang.

Tatsächlich wirbelte Frau Wetterstein schon aufgeregt im Klassenraum herum.

„Hier muss dringend gelüftet werden!", rief sie und riss sämtliche Fenster auf. „Damit wir noch was vom Sommer mitkriegen." Sie war ziemlich groß und dünn und hatte rote Haare, die ihr bis zu den Schultern reichten. Sie trug eine gelbe Hose und ein lockeres T-Shirt, auf dem viele kleine Handabdrücke waren. Wahrscheinlich von ihren Kindern, riet Fee. So hatte sie sich die Lehrerin gar nicht vorgestellt, aber sie wirkte sehr nett.

„Du bist bestimmt Fee", meinte Frau Wetterstein mit einem Lächeln, noch bevor Lille etwas sagen konnte. „Herzlich willkommen in unserer Klasse!" Sie reichte Fee die Hand.

„Hallo, Frau Wetterstein!" Karolina trabte aufgekratzt durch die Tür und winkte Frau Wetterstein zu, die mit Fee am hinteren Fenster stand. „Haben Sie ein Taschentuch für mich?"

Die Lehrerin nickte. „Wie immer, vorn in meiner Schublade. Nimm dir eins raus."

Fee wurde es plötzlich heiß und kalt. Ziemlich pfiffig von Karo. Das hätte sie ihr gar nicht zugetraut. Sie beobachtete mit Herzklopfen, wie Karo ganz entspannt die Schublade aufzog und darin herumwühlte. Schließlich nahm sie sich ein Taschentuch und stopfte es unbenutzt in ihre Hosentasche.

„Hast du dich schon eingewöhnt auf dem Sternenhof, Fee?", fragte Frau Wetterstein nun. „Dein Vater ist doch Clown, richtig? Meine Zwillinge sind fünf. Wir haben eine Vorstellung von ihm gesehen, im Park. Wirklich ganz toll! Ich muss ihn unbedingt fragen, ob er auf unserem Schulfest auftreten oder sogar einen Workshop betreuen würde. Meinst du, er hätte Lust auf so etwas?" Sie sah Fee fragend an.

„Äh, ja, klar. Alles super", antwortete Fee abgelenkt. Sie hatte so weiche Knie, als hätte sie den Schlüssel selbst gemopst.

„Danke, Frau Wetterstein!", rief Karolina im selben Moment. „Ich habe alles, was ich brauche." Dabei warf sie Fee einen bedeutungsvollen Blick zu. „Mein Rucksack ist noch unten. Komme gleich wieder." Und schon rannte sie blitzschnell aus dem Klassenzimmer.

Frau Wetterstein lachte. „Immer noch so zerstreut wie vor den Ferien, unsere Karolina!"

Immer mehr Kinder drängten ins Klassenzimmer und starrten Fee neugierig an. Frau Wetterstein stellte sich an die Tür, um ihre hereinströmenden Schüler zu begrüßen. Schließlich fehlten nur noch Maja, Karo und die Zwillinge. Es klingelte zum ersten Mal.

„Dann lass uns doch mal schauen, ob wir einen schönen Platz für dich finden, Fee", sagte Frau Wetterstein. „Wo würdest du denn gern sitzen?"

„Am liebsten neben Lille", gestand Fee. Sie war jetzt doch wieder aufgeregt wegen der vielen neuen Mitschüler.

Frau Wetterstein nickte. „Das lässt sich machen. Dann muss Maja ihren Platz für eine Weile räumen. Sie wird sicherlich nichts dagegen haben. Wo ist sie eigentlich?" Die Lehrerin ließ ihren Blick suchend über die Köpfe der Kinder schweifen.

„Und, hast du den Schlüssel?", rief Maja in dieser Sekunde. Sie wartete mit den Zwillingen vor dem Musikraum und sah ihre Freundin, die die Treppen hinunterpeste, erwartungsvoll an.

„Klaro!", sagte Karo und zog das Papiertaschentuch aus ihrer Hosentasche. „Hokuspokus …"

Karolina drehte eine Pirouette und zauberte den Schlüssel aus dem Taschentuch hervor.

„Lass die Mätzchen und schließ endlich die Tür auf, bevor Krabbe auftaucht", drängelte Tom. Er hatte vor Aufregung ein hochrotes Gesicht.

Krabbe war der Spitzname des Hausmeisters. Eigentlich hieß er stinknormal Herr Bergmann. Aber selbst der Schulleiter nannte ihn nur *Krabbe*. Niemand konnte sich mehr genau erinnern, wer den Namen zuerst benutzt hatte. Aber wenn jemand Unsinn verzapfte, dann konnte Krabbe denjenigen mit seinen langen Armen in die Zange nehmen wie seine Namensvettern.

Unter der Jacke von Tom winselte es leise.

„Krabbe trinkt gerade mit dem Direktor Kaffee", beruhigte Maja ihn. „Jetzt bleib mal locker. Tiere spüren, wenn man aufgeregt ist. Ich kenn das von meinen Hühnern."

Karolina steckte eilig den Schlüssel ins Loch und sperrte auf.

„Endlich!", seufzte Tom erleichtert und ließ sich auf das Sofa plumpsen.

Der Musikraum sah eher wie ein gemütliches

Wohnzimmer aus. Nur die Tafel ganz vorn erinnerte an Schule.

Das Sofa war mit dunkelrotem Samt bezogen und schon ziemlich verschlissen. Man sah, dass darauf schon einige Generationen Schüler herumgelümmelt hatten. Auf dem Sofa lagen verschiedene Kissen.

„Super!", rief Tim begeistert. „Damit können wir Bobby eine tolle Höhle bauen."

Tom öffnete seine Jacke und holte Bobby hervor.

„Du Süßer!", rief Karolina und kraulte Bobbys Nase. „Was ist er eigentlich für eine Rasse?"

„Anka ist ein Bobtail", sagte Tom. „Und Bobbys Papa ist ein Berner Sennenhund."

Es läutete zum Unterricht und Maja sah nervös auf die Uhr über der Tafel. „Leute, wir müssen los. Ich hab keine Lust, dass die Schule so anfängt, wie sie aufgehört hat."

Maja war zu Recht besorgt. Im letzten Schuljahr war sie insgesamt 25 Mal zu spät zum Unterricht gekommen. Der Eintrag hatte ihr ansonsten tolles Zeugnis versaut. Aber wenn ihre Mutter Schichtdienst hatte und Maja nicht bei Lille oder Karo übernachtete, wachte sie morgens einfach nicht auf. Da half es auch nicht, dass Hahn Gustav ohrenbetäubend laut krähte – Maja schlief weiter.

„Ich gebe dich nie mehr her, mein Kleiner", flüsterte Tom in Bobbys weiches Nackenfell.

„Richtig! Und genau deshalb müssen wir uns sputen", sagte Lille sachlich. „Sonst fliegt sein Versteck schon am ersten Tag auf."

Die Kinder bauten Bobby eine wirklich gemütliche Höhle, und Lille hatte sogar daran gedacht, ihm Spielzeug von Moses mitzubringen. Einen riesigen Flummi und ein quietschendes Gummientchen.

„Ich weiß echt nicht, ob das so schlau ist", kritisierte Tim. „Wenn Krabbe das Gepolter und Gequietsche aus dem Musikzimmer hört, weiß er doch gleich, dass hier etwas vor sich geht."

„Keine Sorge", antwortete Lille. „Der Raum ist schallisoliert. Bobby könnte sogar Schlagzeug spielen, ohne dass man es draußen hört."

Tom füllte noch einen Napf randvoll mit Wasser und einen zweiten mit Trockenfutter.

Karolina sah ihn anerkennend an. „Du hast wirklich an alles gedacht", sagte sie. „Und du kannst richtig toll mit Tieren umgehen."

Tom lächelte stolz. „Danke. Vielleicht können wir sogar irgendwann mit Bobby und Schnuppe gemeinsam spazieren gehen. Die beiden mögen sich ganz bestimmt."

Gerade als die vier Kinder wieder aus dem Musikzimmer hinausschleichen wollten, rief Tim: „Mist! Was machen wir denn, wenn er mal muss?" Er sah Lille fragend an.

Lille machte ein zerknirschtes Gesicht. „Ich wollte eigentlich das Katzenklo mitbringen, das ich Moses am Anfang hingestellt habe. Aber heute Morgen war es so hektisch, dass ich es vergessen habe." Sie zuckte ratlos mit den Schultern.

„Dann muss zwischendurch einer von uns mit Bobby Gassi gehen", sagte Tim. Er sah seinen Bruder an. „Direkt neben dem Musikraum ist doch der Notausgang. Dahinter ist gleich die hohe Hecke. Ich übernehme die erste Runde, du die zweite."

„In der Pause?", fragte Karolina zweifelnd. „Wie soll das gehen?"

Tim schüttelte den Kopf. „Nee, im Unterricht. Dann kriegen wir einfach Bauchweh. Kann ja mal vorkommen, oder?"

Tom nickte. „Perfekt. Am besten gleich in Mathe. Herr Klemens kann uns sowieso nicht auseinanderhalten."

Zum Abschied steckte jeder noch einmal seine Nase in Bobbys Fell. Dann rannten die vier eilig in ihr Klassenzimmer.

Frau Wetterstein wartete schon ungeduldig an der Tür auf sie. „Mensch, Kinder!", rief sie. „Wo bleibt ihr denn? Ich hoffe, ihr habt nicht gleich wieder nur Unsinn im Kopf."

Sie setzte Maja an den Tisch zu den Zwillingen und stellte sich vor die Tafel. „So. Dann können wir endlich loslegen. Guten Morgen, meine Lieben. Ich hoffe, ihr hattet ganz tolle Ferien …"

Ein kühner Plan

Die ersten zwei Schulstunden vergingen wie im Flug. Und Fee fand Frau Wetterstein richtig nett. Jedes Kind durfte eine Feriengeschichte erzählen. Am längsten und am lustigsten war die von Lille. Schließlich handelte sie von Moses.

Selbst Frau Wetterstein kriegte sich vor Lachen nicht mehr ein. Sie lächelte Fee freundlich an. „Ich finde, du passt wirklich gut auf den Sternenhof. Ein Glück, dass du nicht nach Spanien ausgewandert bist. Und deinen Faust muss ich auch unbedingt mal kennenlernen. Ein Hamster, der Gedichte liebt, interessiert mich als Deutschlehrerin natürlich ganz besonders."

Sie sah neugierig in die Runde. „Noch weitere Feriengeschichten? Was ist mit den Zwillingen? Ihr seid doch normalerweise auch immer für eine Überraschung gut."

„Och, bei uns war eigentlich alles wie immer. Wir haben Papa im Stall geholfen und waren noch eine Woche bei unserer Tante." Tom rutschte unruhig auf seinem Stuhl hin und her. Hoffentlich war bei Bobby alles im Lot! Vielleicht sollte er doch schon in der ersten großen Pause nach ihm sehen?

Auch Fee machte sich Gedanken über Bobby. „Wollen wir nicht mal nach ihm schauen?", flüsterte sie den anderen zu, sobald es zur Pause geläutet hatte.

„Ich kundschafte die Lage aus", bot sich Maja ohne zu zögern an und schlenderte scheinbar zufällig in Richtung Musikraum.

Kurz darauf kam sie atemlos zurückgerannt. „Leute, die Krabbe schleicht unten im Flur herum, weil das Hoffenster klemmt!"

Tim überlegte für einen Moment. „Dann müsst ihr ihn von dort weglocken, damit ich mit Bobby Gassi gehen kann. Aber wie?"

„Ich hab eine Idee", sagte Lille grinsend. „Einer von uns klettert ins Baumhaus. Das ist zwar verboten, seit der große Ast abgebrochen ist, aber das ist völliger Quatsch. Das Ding steht bombensicher, hat mein Vater gesagt. Wer meldet sich freiwillig? Wenn die Aktion auffliegt, könnte es allerdings 'ne Strafarbeit geben."

Fee hob den Zeigefinger. „Ich", sagte sie mutig. „Ich bin neu und weiß offiziell nichts von dem Verbot. Außerdem klettere ich gern."

Tim nickte anerkennend. „Cool. Dann machen wir es so: In der nächsten Stunde haben wir Mathe bei Herrn Klemens. Der kennt dich ja noch gar nicht, also fällt ihm auch nicht auf, wenn du nicht da bist. Gleich zu Beginn der Stunde gehe ich raus, weil ich angeblich dolles Bauchweh habe. Ich laufe ganz zufällig Krabbe über den Weg und verpetze dich, weil du verbotenerweise im Baumhaus hockst." Er grinste. „Krabbe ist dann erst mal voll mit dir beschäftigt. Inzwischen kümmere ich mich um Bobby."

„Krass", sagte Fee und schlug in Tims Hand ein. „Ich wusste bisher gar nicht, dass Schule so viel Spaß machen kann."

Das Baumhaus stand zwischen dem Sandkastenstrand und dem Lehrbeet der Garten-AG. Die Holzbretter waren bunt angepinselt, und das Häuschen hatte sogar ein rotes Wellblechdach, damit es nicht hineinregnen konnte.

Als es klingelte, verzog sich Fee hinter die Stachelbeerhecke, die das Lehrbeet umsäumte, und ging in die Knie.

Frau Wetterstein, die Hofaufsicht hatte, sah sich noch einmal prüfend um, bevor sie den Kindern in das Schulgebäude folgte.

Fee wartete noch kurz ab, dann verließ sie ihr Versteck und kletterte hinauf ins Baumhaus.

Hier war es viel gemütlicher als auf ihrem zugigen Hochsitz, stellte Fee begeistert fest. Schade, dass man hier oben nicht mehr spielen durfte.

Aber anscheinend hielten sich nicht alle Kinder daran: In einer bemalten Blechkiste fand Fee eine Taschenlampe, ein kleines Fernglas und so nützliche

Dinge wie wasserfeste Streichhölzer, eine Wegwerfkamera und Kapseln, die nach Stinkbomben aussahen. Außerdem gab es eine fast volle Tüte mit leckeren Keksen und mehrere kleine Trinkpäckchen mit Orangensaft.

Sogar ein Nickerchen konnte man in dem Baumhaus machen, ohne zu frieren. In einer Plastiktüte, die neben der Kiste lag, steckten noch eine Decke und Regenzeug – für alle Fälle.

„Das muss ich den anderen erzählen", murmelte Fee. Vielleicht hatten die eine Ahnung, wem die Sachen gehörten.

In ihrem Bauch grummelte es. Bestimmt die Aufregung. Schließlich würde der berühmt-berüchtigte Hausmeister Krabbe jeden Moment aus der Schule gestürmt kommen, um sie aus dem Baumhaus zu zerren und anzumeckern.

Fee schnappte sich einen Keks aus der Blechkiste und knabberte nervös darauf herum.

Wenige Sekunden später schoss Krabbe auf den Hof und rannte Richtung Baumhaus. Seine Hände an den überlangen Armen schnappten auf und zu wie die Scheren eines Krebses.

Schnell schluckte Fee die letzten Krümel hinunter. Teil A des Plans war also aufgegangen. Super! Was allerdings jetzt gleich passieren würde, war bestimmt nicht ganz so super, schätzte sie.

„He, du da!", brüllte die Krabbe und rüttelte wild am Stamm des Baumhauses, als ob er Fee wie einen reifen Apfel herunterschütteln wollte. „Du da oben! Du kommst jetzt sofort runter."

Wie lange würde Tim brauchen, um mit Bobby Gassi zu gehen?, fragte Fee sich. Und konnten Hunde auf Kommando Pipi machen? Sie musste die Krabbe auf jeden Fall eine Weile hinhalten. Also steckte sie ihren Kopf aus dem Baumhaus und rief trotzig: „Nö, keine Lust!"

Die Krabbe machte ihrem Namen alle Ehre: Sie wurde krebsrot vor Ärger.

„Willst du mich vergackeiern, Mädchen?" Der Hausmeister schirmte seine Augen gegen die Sonne ab und blinzelte zu ihr hinauf. „Bist wohl in einen Farbtopf gefallen, was?" Er lachte wie ein eingerostetes Gartentor.

Auch wenn Fee Lästereien über ihre lila gesträhnten Haare gewohnt war, machte sie es immer noch wütend. Aber von einer knallroten Krabbe waren solche Kommentare eh nicht ernst zu nehmen.

„Wie heißt du überhaupt?", knarzte die Krabbe weiter. „Ich hab dich hier noch nie gesehen."

Als Fee nur lachte, anstatt zu antworten, wurde der Hausmeister wirklich wütend. „Ich hole jetzt den Herrn Direktor!", brüllte er und stürmte zurück ins Schulgebäude.

Kichernd ließ sich Fee auf den Boden fallen. Total lustig. Die Krabbe ließ sich echt gut ärgern.

Fee schnappte sich ein Saftpäckchen und trank es durstig aus. Puh! Was für ein irrer erster Schultag! Erst nach und nach kamen ihr Zweifel. Hoffentlich verstand der Schuldirektor Spaß. Sich gleich in der ersten Woche einen Tadel einzufangen, war vielleicht nicht der beste Start ins Schuljahr. Und ihr Vater würde auch nicht begeistert sein.

„Besser, ich klettere schon mal runter", murmelte Fee und stieg mit wackeligen Knien die Strickleiter hinunter.

Für einen kurzen Moment überlegte sie, ob sie einfach abhauen sollte. Schließlich kannte die doofe Krabbe sie ja gar nicht. Andererseits: Kneifen war auch nicht Fees Ding. *Augen zu und durch,* machte sie sich Mut.

Schließlich tauchte nicht der Schulleiter auf, sondern Frau Wetterstein. Die Krabbe wuselte Arme schwingend um die Lehrerin herum und redete ohne Unterlass auf sie ein.

„Ist gut, Herr Krabbe ... äh, Bergmann", unterbrach Frau Wetterstein ihn. „Ich werde den Direktor informieren, sobald er wieder im Hause ist." Sie ging in schnellen Schritten auf Fee zu und starrte stirnrunzelnd auf sie herunter.

„Fee!", sagte sie und zog die rechte Augenbraue hoch. „Was haben wir uns denn da für ein freches Früchtchen an die Schule geholt? Herr Bergmann ist ziemlich verärgert. Das Herumklettern auf dem Baumhaus ist verboten. Gut, das konntest du zwar nicht wissen – aber es ist gerade Unterricht und du warst anscheinend sehr vorlaut zu Herrn Krabbe ... äh, Bergmann."

Fee wollte gerade loslegen, wie gemein die Krabbe zu *ihr* gewesen war, da sah sie ein winziges Wollknäuel mit Schlappohren über die Wiese sausen. Es jagte einem Kaninchen hinterher.

Tim war dem rasenden Knäuel dicht auf den Fersen und versuchte, es mit einem gewagten Hechtsprung einzufangen. Dabei landete er kopfüber in den Himbeeren.

Fee bekam einen Riesenschreck. „Oh nein!", rief sie, ohne nachzudenken.

Frau Wetterstein sah ihre Schülerin überrascht an. „Was willst du uns damit sagen, Fee?"

Fee starrte zu den Himbeeren hinüber. Tim rappelte sich mit Bobby im Arm auf und verschwand humpelnd aus ihrem Blickfeld.

„Puh!", stöhnte Fee erleichtert.

„Puh?", wiederholte Frau Wetterstein. Langsam wurde sie ungeduldig.

Fee lächelte die Krabbe und Frau Wetterstein an. „Es tut mir leid", sagte sie ehrlich zerknirscht. „Ich wollte niemanden ärgern." Sie sah Frau Wetterstein treuherzig an.

„Dann will ich dir das mal glauben", sagte diese schließlich. „Aber dass mir keine weiteren Klagen kommen. Und entschuldige dich bitte auch beim Hausmeister."

Die Krabbe war jetzt nicht mehr dunkelrot, sondern rosa. Schweinchenrosa. Fee biss sich auf die Lippen, um nicht laut loszulachen.

„'tschuldigung", murmelte sie. „Ich heiße Fee und bin neu an der Schule."

Die Krabbe sah sie böse an. „Dass mir das nicht noch mal vorkommt!"

Frau Wetterstein lächelte. „Prima. Dann ist ja alles in Ordnung und wir können alle mit unserer Arbeit weitermachen. Ist das Fenster wieder repariert, Herr ... äh ..."

„Krabbe ...", flüsterte Fee ihrer Lehrerin augenzwinkernd zu und floh zurück in ihre Klasse.

Herr Klemens wundert sich

Tim sah aus, als hätte er einen Zusammenstoß mit einem Igel gehabt. Aber als Fee sich auf ihren Platz setzte, grinste er und drehte seinen Daumen nach oben. Fee atmete erleichtert auf.

Sie kam allerdings gar nicht dazu, sich Gedanken darüber zu machen, wie Tim Herrn Klemens erklärt hatte, wo er auf dem Weg zur Toilette und zurück solche Kratzer abbekommen hatte. Sie hatte nämlich selbst genug damit zu tun, ihrem neuen Mathelehrer zu erklären, warum sie erst mitten in der Stunde auftauchte.

„Frau Wetterstein hat noch mit mir geredet", sagte sie wahrheitsgemäß.

„Und das konnte nicht bis zur großen Pause warten?", fragte Herr Klemens streng. Er schätzte es gar nicht, wenn man seinen Unterricht versäumte.

Fee schüttelte den Kopf „Ging leider nicht anders. Entschuldigung", sagte sie und dachte, dass sie sich im ganzen letzten Jahr zusammengezählt bestimmt nicht so oft entschuldigt hatte wie an diesem Morgen.

Herr Klemens runzelte die Stirn und klopfte mit der Kreide an die Tafel. „Konzentration bitte!"

$$18 : 3 =$$

$$7 \times 10 =$$

Lille stubste Fee leicht an und schenkte ihr ein anerkennendes Lächeln. Sie schob ihr Heft in die Mitte, sodass Fee die gerechneten Aufgaben abschreiben konnte.

In den nächsten zwei Stunden ging alles glatt. Zwar konnten Tim und Tom nicht wie geplant einfach die Rollen tauschen, um sich beim Ausführen von Bobby abzuwechseln. Denn Tom war verständlicherweise nicht bereit, auch in die Himbeeren zu hechten, damit er aussah wie sein zerkratzter Bruder. Aber alles lief trotzdem wie am Schnürchen und Bobby stellte keinen Blödsinn mehr an.

Nach der letzten Stunde befreite Tom den kleinen Bobby ohne einen weiteren Zwischenfall aus dem Musikzimmer.

Herr Krabbe war mit seinem Lieferwagen in die Stadt gefahren. Vom Hausmeister war also keine böse Überraschung mehr zu befürchten.

Gerade als Tom aus dem Schulgebäude in die warme Sonne trat und auf die wartenden Mädchen und Tim zulief, tauchte allerdings Herr Klemens plötzlich auf.

Tom war Klassenbester in Kopfrechnen und der Mathelehrer mochte ihn deshalb besonders gern. „Na, mein Junge!", rief er aufgeräumt. „Wird es dir denn nicht viel zu warm in dieser dicken Winterjacke? Wir haben doch so herrliches Spätsommerwetter. Ab zum See mit euch, bevor der stürmische Herbst kommt!" Er gab Tom einen wohlwollenden Klaps auf den Rücken.

„Uuuuuh!", heulte Bobby auf.

„Uuuuuh!", heulte Tom eilig hinterher.

Herr Klemens zog bestürzt seine Hand zurück. „So fest war das aber gar nicht. Deine Jacke ist doch dick gepolstert." Er schaute sich unsicher um.

„Schon okay, Herr Klemens", sagte Tom verlegen. „Ich habe mich nur erschreckt."

„Uuuuuh!", heulte Bobby.

„Uuuuuh!", heulte Tom.

Herr Klemens machte nun sicherheitshalber einen Schritt zur Seite. „Na, jetzt übertreibst du aber. Nichts für ungut, Junge. Und schön weiter Kopfrechnen üben!", sagte er und suchte schnell das Weite.

Lille, Maja, Karo, Fee und die Zwillinge brachen in lautes Gelächter aus.

„Uuuuuh!", heulte Tim.

„Uuuuuh!", echoten die frechen Vier.

„Mensch, ich bin vielleicht fertig. Ich fühle mich wie nach zwei Wochen Kartoffelernte", stöhnte Tom. „Wie soll das nur weitergehen? Bobby für immer und ewig in der Schule zu verstecken, ist echt keine Lösung. Wir müssen uns bald etwas anderes einfallen lassen, Tim."

Tim nickte schweigend. Er wusste im Moment auch nicht weiter.

Stumm warteten die vier Mädchen und die Brüder mit Bobby darauf, dass der Schulbus kam.

„Wenn das Geheule jetzt gleich wieder losgeht, dreh ich am Rad", sagte Tim.

Aber Bobby war anscheinend auch erschöpft vom aufregenden ersten Schultag. Er schnarchte friedlich wie ein Lamm unter Toms Winterjacke und machte die ganze Fahrt über keinen Mucks.

„Ihr müsst euch an den Kleinen einfach noch gewöhnen", sagte Lille, als die Freunde aus dem Schulbus kletterten. „Moses hat mir anfangs auch den letzten Nerv geraubt. Manchmal war ich richtig sauer auf ihn", gestand sie den Zwillingen.

Karolina sah ihre Freundin erstaunt an. „Warum hast du nie etwas gesagt?"

Lille zuckte verlegen mit den Schultern. „Ich glaube, es war mir peinlich. Und als Mama dann wollte, dass wir Moses wieder abgeben, war ich nur noch von *ihr* genervt."

Karolina nahm Lilles Hand.

„Mir gehen die Hühner auch manchmal auf den Keks", sagte Maja plötzlich. „Gilda gackert mich oft so doof an, dass ich ihr den Schnabel zuhalten könnte. Besonders, wenn ich Hausaufgaben mache und sowieso schon gestresst bin. Trotzdem habe ich sie total lieb."

Wie man Hühner so toll finden konnte, würde Karolina nie verstehen. Aber sie behielt diesen Gedanken lieber für sich.

Da fiel Fee plötzlich ein, dass sie ja noch etwas zu berichten hatte. „Wisst ihr eigentlich, dass im Baumhaus jemand wohnt?", fragte sie in die Runde.

Die Zwillinge starrten sie an. „Hä? Wie kommst du denn auf *den* Quatsch?"

Fee zog wissend die Augenbrauen hoch. „Na ja, vielleicht nicht gerade dort *wohnt*, aber es sich jedenfalls total gemütlich eingerichtet hat." Sie beschrieb die Sachen, die sie in der alten Blechkiste ge-funden hatte.

„Vielleicht hat der Hausmeister sie dort abgestellt", spekulierte Tim. „Das könnte auch der Grund sein, warum er uns nicht mehr im Baumhaus spielen lässt. Er will es ganz für sich allein haben."

Lille grunzte belustigt. „Unsinn. Die Krabbe bunkert doch keine Stinkbomben! Für wen sollen die denn sein? Für den Herrn Direktor?"

„Jemand wohnt im Baumhaus", wiederholte Fee hartnäckig. „Die Kekse waren noch frisch, ich hab ja einen gegessen. Der Bewohner ist bestimmt sauer, weil ich ihm ein Trinkpäckchen stibitzt habe. Aber ich war nach der ganzen Aufregung mit Krabbe total durstig."

Maja grinste. „Hab ich da was verpasst?"

Tom schlug sich gegen die Stirn. „Mensch, Fee hat ja noch gar nicht erzählt, wie das Ablenkungsmanöver im Baumhaus gelaufen ist. War es sehr schlimm? Ich an deiner Stelle hätte mir vor Angst wahrscheinlich in die Hose gemacht."

Fee lächelte geschmeichelt. „Och, das war doch gar nichts. Ich wäre zwar fast von der Schule geflogen und hätte ein Leben lang Hausarrest bekommen, aber sonst war alles ganz entspannt."

Lille knuffte sie kichernd in die Seite. „Los, du Scherzkeks. Jetzt erzähl schon, was passiert ist."

Und Fee ließ sich nicht lange bitten. Als sie fertig war, sagte Tom: „Du bist eine echte Heldin, Fee.

Wie du die Krabbe ausgetrickst hast, war einfach nur genial."

Tim hingegen machte nach Fees Bericht ein nachdenkliches Gesicht. „Ich glaube, in dem Baumhaus hat sich echt irgendjemand eingenistet", sagte er. „Vielleicht jemand, der die Schule ausspioniert oder einen Überfall plant. Vielleicht soll sogar jemand entführt werden. Jedenfalls sollten wir der Sache auf den Grund gehen."

Attentat im Hühnerstall

„Glaubt ihr wirklich, dass jemand die Schule ausspioniert?", fragte Fee ungläubig.

Die vier Freundinnen saßen wie gewohnt auf dem Mäuerchen neben dem Hühnerstall. Auf dem Grünfleck dahinter pickten Majas Hühner. Lilles Minischwein Moses spielte Fangen mit Onkel Pauls Laufente Daisy.

Lilles Mutter Selma hatte Marmorkuchen gebacken und ihn mit einer riesengroßen Kanne Kakao zum Mäuerchen gebracht, bevor sie auf dem Fahrrad in die Bibliothek verschwunden war, um an ihrem Krimi weiterzuschreiben.

Fast konnte man sich einbilden, dass noch Sommerferien waren, so schön war der Tag. Zum Glück gab es heute noch keine Hausaufgaben, aber bereits für morgen hatte Frau Wetterstein einen kleinen Rechtschreibtest angekündigt.

„Weiß nicht", sagte Lille schulterzuckend. „Was gibt es denn in einer Schule zu klauen?"

„Klassenarbeitshefte", kicherte Karolina. „Vielleicht ist jemand verrückt nach Noten. Also meine kann er haben."

Maja bekam einen Lachanfall und spuckte Kuchenkrümel quer über den Hof. Gierig stürzten sich mehrere Hühner darauf und kämpften wie verrückt um die besten Stücke.

„Das bringt mich auf eine Idee", sagte Lille nachdenklich. „Wir sollten dem Typ eine Falle stellen. Ihn mit etwas aus seinem Versteck locken, versteht ihr? So wie eben mit den Hühnern."

Maja stopfte sich den Rest vom Kuchen in den Mund. Mit vollen Backen sagte sie: „Wetten, das ist ein Erpresser? Der will garantiert jemand entführen. Ich hab mal ein Buch gelesen, da war das auch so. Der Entführer wusste, dass eine geheime Prinzessin auf die Schule geht, und er hat sich als Zauberer verkleidet, sie sich auf dem Schulfest geschnappt und in seinem Lieferwagen mitgenommen."

Karolina schüttelte sich. „So etwas Doofes habe ich ja noch nie gehört."

„Lilles Mutter schreibt doch einen Krimi. Frag sie mal", hielt Maja dagegen. „Solche Sachen passieren ständig."

Lille nickte. „Sagt Mama auch. Vielleicht sollten wir noch mal mit den Jungs reden."

Die Zwillinge waren so beschäftigt gewesen, Bobby auf den Bauernhof zu schmuggeln, dass die Freunde nach der Schule keine Gelegenheit gehabt hatten, weiter über das Thema zu sprechen.

Karolina sprang vom Mäuerchen. „Das ist doch alles totaler Blödsinn", sagte sie. „Macht von mir aus, was ihr wollt. Ich reite jetzt jedenfalls eine Runde mit Schnuppe aus."

Bestimmt gab es in den nächsten Tagen einen Berg Hausaufgaben und dann blieb keine Zeit mehr für Ausflüge. Wie immer zu Schulanfang. Da wollte Karolina lieber den schönen Tag nutzen und ihn nicht mit irgendwelchen dummen Räuberspielen verplempern. Mit einem fröhlichen „Schnuppeschatz, ich komme!" rannte sie hinüber zur Koppel.

Moses quiekte zu Lilles Füßen. „Ja, mein Schnuffelchen", sagte Lille zärtlich und setzte sich zu ihm ins Gras. „Hast du mich heute sehr vermisst?"

Das Minischwein schnüffelte begeistert an Lilles Hand. Doch plötzlich hob es seine Schnauze in die Höhe und stieß einen verärgerten Grunzlaut aus.

„Upff!" Dann spuckte es aus heiterem Himmel aus und raunzte beleidigt vor sich hin.

„Moses!", rief Lille entgeistert. „Was soll denn das?" Sie wischte ihre Hand im Gras ab und wollte das Minischwein zu sich auf den Schoß ziehen, aber Moses schubste sie weg und meckerte immer weiter.

„Das gibt's doch nicht!", klagte Lille. „Einen Vormittag lang bin ich mal weg und schon macht er Theater. Wenn das jetzt jeden Tag so geht, flipp ich echt aus."

Maja schüttelte den Kopf. „Ich schätze, er hat Bobby an deiner Hand gerochen."

„Meinst du?" Lille sah sie ungläubig an.

„Klar", sagte Fee. „Er ist eifersüchtig."

Lille stöhnte laut. „Wenn das stimmt, finde ich das saublöd und …" – sie schaute Moses streng an – „… absolut überflüssig. Ich hab dich doch immer noch genauso lieb."

Jetzt sprang auch Fee von der Mauer. „Siehst du. Deshalb habe ich Faust. Der macht nicht ständig so ein Liebesdrama und man muss auch nicht mit ihm Gassi gehen."

„Jetzt tu mal nicht so cool", sagte Lille verärgert.

„Wasch dir einfach die Hände, damit du nicht mehr nach Bobby riechst, oder schmier dir Erdbeerquark auf die Finger", witzelte Maja. „Was glaubst du, wie schnell Moses dann wieder angedackelt kommt."

Lille lachte. „Tja, man merkt eben, dass deine Mama Wissenschaftlerin ist."

Gerade als Fee sich ins Wetterhäuschen verziehen wollte, fuhr Felix' Bus auf den Hof. Mit seiner *fliegenden Clown-Show* begeisterte er Groß und Klein. Es hatte sich in Windeseile herumgesprochen, wie lustig es bei ihm zuging. Deshalb war er mit seinem Bus die ganze Woche und leider auch manchmal an den Wochenenden unterwegs.

„Papa!", rief Fee und stürmte zum Bus.

Felix sprang aus dem Fahrzeug und wirbelte seine Tochter durch die Luft. „Das ist aber eine tolle Begrüßung", sagte er lachend und setzte Fee wieder auf dem Boden ab.

Fee sah ihren Vater prüfend an. „Ist eine Vorstellung ausgefallen?"

Felix zog sie erneut in seine Arme und strich ihr über den Scheitel. „Man darf doch wohl noch früher von der Arbeit kommen und seine Lieblingstochter fragen, wie der erste Schultag war."

Fee drückte sich froh an ihn. „Toll, Papa."

Felix lachte. „Was ist toll? Dass ich hier bin oder die Schule?"

„Beides!", antwortete Fee. „Und Frau Wetterstein ist auch sehr nett."

Von ihrem kleinen Ausflug ins Baumhaus und dem Ärger mit der Krabbe erzählte sie ihm lieber nichts. Sonst machte er sich gleich wieder Sorgen.

Felix guckte erleichtert. „Na, das sind ja ganz ungewohnte Töne. Finde ich super." Auch wenn Fee sich weigerte, darüber zu sprechen – seit ihre Eltern getrennt waren, hatte sie zweimal hintereinander die Schule gewechselt.

„Sagt mal, Mädels, haben die Brims-Zwillinge jetzt etwa einen Hund?", fragte Felix dann.

Er blickte neugierig in die Runde. „Ich meine, ich hätte sie eben mit so einem Winzling zu uns spazieren sehen. Hätte ich dem alten Brims gar nicht zugetraut. Vielleicht wird er ja doch noch nett."

„Auf gar keinen Fall!", antwortete Lille ein wenig zu heftig. Was genau sie damit meinte, ließ sie jedoch offen. Sie schnappte sich den quiekenden Moses und verschwand in Richtung Stall.

„Und ich muss mich unbedingt um Gilda kümmern!", rief Maja eilig. „Ich lese ihr jetzt Märchen vor. Scheint ihr zu gefallen, sie gackert gar nicht mehr so nervös." Sie tauchte in den Hühnerstall ab.

„Das wäre ja sensationell", murmelte Felix. Gilda war wirklich ein ziemlich hysterisches Huhn. Wegen jeder Kleinigkeit regte sie sich auf und gackerte herum, bis allen der Kopf rauchte. Besonders Felix litt unter dem Krach, wenn er seine Nummern einstudierte.

„Und was machen wir beide jetzt?", fragte Felix seine Tochter. „Hast du Lust, ein bisschen jonglieren zu üben?"

Seit Felix und Fee auf dem Sternenhof wohnten, hatte Felix angefangen, seiner Tochter kleine Kunststücke beizubringen. Das klappte richtig gut. Nur als Clown verkleiden wollte Fee sich nicht. Das fand sie oberpeinlich. Inzwischen konnte sie mit vier Bällen jonglieren und sich dabei einen Ball sogar über die Schulter laufen lassen. Das sah schon total professionell aus, fanden die anderen drei.

Während Felix die Bälle aus dem Bus holte, dachte Fee nach. Waren die Zwillinge verrückt geworden, öffentlich mit Bobby herumzulaufen? Denn dass Brims seinen Segen zu Bobby gegeben hatte, konnte sie sich beim besten Willen nicht vorstellen.

„Ach, übrigens, Papa", rief sie dem herannahenden Felix entgegen. „Frau Wetterstein war mit ihren Kindern in einer Vorstellung von dir. Sie fragt, ob du auf dem Schulfest auftreten willst."

Felix schleuderte die Jonglierbälle in die Luft. „Spitze!", freute er sich. „Klar habe ich Lust."

Er warf Fee einen Ball nach dem anderen zu. „Wenn du willst, kann ich euch vier morgen mit dem Bus zur Schule bringen und gleich Nägel mit Köpfen machen. Ich trete erst am Nachmittag auf."

„Nee, nee, Papa", antwortete Fee eilig. „Bis zum Schulfest ist es noch eine Weile hin. In dieser Woche hat Frau Wetterstein bestimmt jede Menge anderen Kram um die Ohren. Die Schule hat ja gerade erst wieder begonnen." Ihr wurde ganz heiß bei dem Gedanken, dass Frau Wetterstein ihrem Vater die Sache mit dem Baumhaus und Krabbe verklickern könnte.

„Wie du meinst", sagte Felix.

Sie begannen, abwechselnd zu jonglieren, indem sie sich gegenseitig die Bälle aus der Luft klauten. „Das machst du super!", rief Felix atemlos. „Wenn wir weiter trainieren, kannst du auf dem Schulfest sogar mit mir zusammen auftreten."

Er machte einen Salto und kickte einen Ball mit dem Fuß zu Fee hinüber. Leider ein ganz kleines bisschen zu weit. Der Lederball rollte quer über den Hof in die hohe Hecke, die den Sternenhof von der Zufahrtsstraße trennte.

„Wuff, wuff, wuff!" Ein schwarz-weißer Wuschel,

der Fee sehr bekannt vorkam, raste mit dem Ball im Maul davon.

„Bobby!", ertönte es zweistimmig. Mit bedröppelten Mienen kamen die Zwillinge hinter der Hecke hervor.

„Nee, oder?" Fee ließ die anderen Bälle fallen und rannte Bobby hinterher. Der kleine Hund schlug einen Haken und flüchtete sich ausgerechnet in den Hühnerstall.

Eine Schar aufgeregter Hühner flog Federn lassend heraus und stieb in alle vier Himmelsrichtungen davon. Bobby folgte ihnen laut bellend.

Gilda wankte so unsicher aus dem Stall heraus, als hätte sie versehentlich Rosinen in Rum aufgepickt. „Gagagagagagaaaa!", gackerte sie blechern.

„Seid ihr total bekloppt?" Maja stürmte mit Fee im Schlepptau aus dem Hühnerstall. „Wer hat dieses Attentat zu verantworten?" Dann erblickte sie Tim und Tom und stürzte sich auf sie.

Lille kam alarmiert herbeigelaufen. „Was ist denn passiert?" Sie sah die herumfliegenden Federn und schrie: „Hat der Fuchs den Hühnerstall überfallen?!" Vor Schreck wurde sie ganz bleich.

„Kann mir irgendwer erklären, wieso hier auf einmal der Teufel los ist?", mischte sich Felix mit lauter Stimme ein. Aber niemand beachtete ihn.

„Tim und Tom haben Bobby auf meine Hühner gehetzt!", kreischte Maja und nahm Tom in den Schwitzkasten. Oder war es Tim?

Plötzlich ertönte fröhliches Gebell von der Koppel. Im nächsten Augenblick kam Karolina auf Schnuppe herbeigetrabt und rief: „Hallihallo! Vermisst hier irgendjemand einen kleinen Hund?"

Fee und die anderen trauten ihren Augen kaum. Vor Karolina auf dem Sattel saß mit vor Aufregung gespitzten Ohren Bobby und bellte stolz vor sich hin.

Gute Freunde

„Ihr seid vielleicht Pappnasen", sagte Felix kopfschüttelnd, als die Zwillinge ihm gestanden, wer Bobby war. „Wenn er mich leiden kann, nehme ich ihn morgen und übermorgen mit auf Tour. Aber danach muss ich weiter weg zu einem Clownstreffen."

Fee fiel ihrem Vater vor Freude um den Hals. „Vielen Dank, Paps. Du bist der Allerbeste!"

„Aber ihr müsst mit eurem Vater reden", sagte Felix ungewohnt ernst. „Das müsst ihr mir versprechen. Wo war Bobby denn heute Vormittag? Ihr habt doch nicht etwa die Schule geschwänzt, oder?"

Die Zwillinge schüttelten heftig den Kopf.

„Nee! So was machen wir nicht. Gute Freunde

haben uns geholfen …" Details verrieten sie schlauerweise nicht.

„Prima", sagte Maja. „Wenn Felix auf Bobby aufpasst, verspeist er wenigstens nicht meine Hühner." Sie war immer noch ein bisschen sauer. Gilda saß auf ihrem Schoß und gackerte trübsinnig vor sich hin. „Übrigens: Ich wäre froh, wenn mir *gute Freunde* helfen würden, meinen Hühnerstall aufzuräumen. Darin sieht es aus wie nach dem Weltuntergang." Sie sah die Zwillinge scharf an.

„Machen wir doch gern", sagte Tim. „Mit hysterischen Hühnern kennen wir uns schließlich aus", fügte er übermütig hinzu.

„Witzig, witzig, Freundchen!", fauchte Maja. „Dann legt mal los." Sie sah Bobby streng an, der so brav zu Tims Füßen lag, als könnte er kein Wässerchen trüben. „Aber diesmal ohne dich, mein Lieber. Du hast bis auf Weiteres striktes Hühnerstallverbot."

„Uuuuh!", heulte Bobby und ließ die Ohren hängen, als hätte er jedes Wort verstanden.

„Der Kleine kann mit mir mitkommen und mir helfen, Schnuppe zu füttern", klinkte sich Karo ein.

Sie schnippte mit den Fingern und Bobby sprang sofort schwanzwedelnd auf.

„Danke, Kiki, das ist echt nett von dir", sagte Tom.

„Oho!", spottete Maja. „Hier ist ja die große Liebe ausgebrochen ..." – sie machte extra eine kleine Pause, bevor sie weitersprach – „... zwischen *Kiki* und Bobby!"

Karolina stampfte auf. „Hört auf mit diesem blöden *Kiki!* Fängst du jetzt auch damit an? Dann sag ich Biene Maja zu dir."

Fast hätte es schon wieder Streit gegeben, aber als Gilda, Moses, Schnuppe und Bobby zu gackern, quieken, schnauben und jaulen begannen, verstummten die Streithähne verblüfft.

Felix grinste. „Donnerwetter. Von unseren Tieren kann man so einiges lernen, oder? Zum Beispiel, einfach mal die Klappe zu halten." Er reckte und streckte sich. „Da ich heute Nachmittag freihabe, werde ich mir mal ein kleines Schläfchen gönnen. Und ihr vertragt euch, klar?"

Die Kinder nickten und schauten Felix nach, bis er im Wetterhäuschen verschwunden war.

„Voll nett, dein Vater", sagte Tom zu Fee. Er hatte plötzlich ganz traurige Augen.

„Finde ich auch", antwortete Fee. Sie wollte ihm sehr gern etwas Tröstliches sagen, aber ihr fiel einfach nichts ein. Bauer Brims war ein echt doofer Typ, und sie hatte im Augenblick keine Hoffnung, dass er den Jungs jemals erlauben würde, Bobby zu behalten. Da musste schon ein Wunder geschehen.

Getrennte Wege

In den nächsten zwei Tagen blieb Bobby also bei Felix. Und das war wirklich ein Glück. Denn die Lehrer legten mit so einem Elan mit dem neuen Unterrichtsstoff los, dass ihren Schülern nur so die Köpfe rauchten.

Selbst Krabbe schlich durch die Gänge des Schulhauses wie ein unruhiger Geist, der auf der Suche nach Erlösung war. Das kam den Kindern ziemlich merkwürdig vor. Im letzten Schuljahr hatte er meist unten in seinem Büro gesessen und dauertelefoniert.

„Was ist bloß mit unserem Hausmeister los?", wunderte sich Lille. Die vier Freundinnen saßen mit Tim und Tom im Buddelkasten auf dem Schulhof und mampften Stachelbeeren aus dem Lehrbeet.

„Der führt doch garantiert irgendwas im Schilde. Er benimmt sich nicht normal", sagte Maja düster.

Da Maja Forscherin werden wollte, hatte sie sich angewöhnt, alles ganz genau zu beobachten.

„Vielleicht steckt er mit dem Typ aus dem Baumhaus unter einer Decke!", rief sie, nachdem sie minutenlang nachdenklich ihre Fußspitze in den Sand gebohrt hatte. „Er kundschaftet bestimmt was für ihn aus."

Die Zwillinge machten verblüffte Gesichter. „Was denn?", fragten sie gleichzeitig.

„*Wen*", verbesserte Lille sofort. „Wir glauben, dass jemand entführt werden soll", ließ sie die Bombe platzen.

Maja nickte. „Es passt alles zusammen. Der eine peilt die Lage von draußen und der andere von drinnen. Und dann – schwuppdiwupp! – schlagen sie zu."

Tom runzelte ungläubig die Stirn. „Und *wen* genau wollen sie entführen?"

Maja biss sich betreten auf die Lippe. „Tja", sagte sie, „das ist der Haken. Wer. Wo. Wann. Bisher leider noch ein komplettes Rätsel." Man sah ihr an, dass diese Tatsache sie sehr ärgerte.

Tim bekam vor Aufregung schlagartig ein ganz rotes Gesicht. „Das kriegen wir raus. Und dann setzen wir Bobby als Bewacher ein."

Das brachte Maja zum Lachen. „Momentan braucht eher Bobby einen Bewacher, dieser freche Hühnerschreck", lästerte sie.

„Bobby liebt Hühner", widersprach Tom energisch. „Unserem Hahn Cäsar hat er gestern sogar einen Knochen gebracht. Stimmt doch, Tim, oder?"

Tim nickte kurz. „Korrekt. Nur hysterische Hühner stressen ihn." Er zwinkerte seinem Bruder zu. „Mich übrigens auch."

„Spinner!", brüllte Maja und warf eine Handvoll Sand nach Tim. Und Tim fegte postwendend eine Ladung zurück.

„Pfui!", kreischte Karo, die ins Schussfeld geraten war, und spuckte aus.

„Hört sofort auf mit dem Quatsch, das nervt!", befahl Lille.

„Wenn jemand entführt werden soll, müssen wir das Frau Wetterstein melden", sagte Karolina. „Und die ruft dann die Kripo an. Solche Ermittlungen sind für Kinder viel zu gefährlich."

Ausnahmsweise war Tom nicht einer Meinung mit Karolina. „Ach, Kiki, das ist doch totaler Unsinn. Frau Wetterstein würde uns sicher gar nicht ernst nehmen. Als mein Vater sich Moses geschnappt hat, warst du nicht so zimperlich."

Karolina schwieg eingeschnappt.

Fee runzelte die Stirn. „Willst du echt kneifen, Karo? Frau Wetterstein hat die Krabbe voll in Schutz genommen, als ich im Baumhaus herumgeklettert bin. Die glaubt uns kein Wort."

Aber auch Fee wollte vorsichtig vorgehen. Denn sie hatte sich geschworen, in diesem Schuljahr keinen Tadel zu bekommen. Das bedeutete, möglichst nicht aufzufallen. Oder frühestens dann, wenn man einen gefährlichen Verbrecher überführt und eine Entführung verhindert hatte.

„Dann, macht doch, was ihr wollt", rief Karolina erbost. Sie schnappte ihren Schulrucksack und rannte weg.

Als sie um die Ecke auf die Landstraße bog, sah sie den Schulbus kommen. Um die Mittagszeit fuhr er zum Glück jede halbe Stunde.

Karolina beschloss, nicht auf die anderen zu warten, sondern schnurstracks nach Hause zu fahren und einen Ausritt mit Schnuppe zu machen. Momentan war ihr wirklich schnurzegal, wer sich da im Baumhaus versteckt hielt. Hauptsache, sie hatte damit nichts zu tun.

Gerade als Karolina Schnuppe sattelte, tauchte Felix mit Bobby auf. Er hatte es tatsächlich geschafft, dem Welpen ein Hundegeschirr anzulegen, damit er nicht erneut auf Hühnerjagd ging. Felix dachte einfach an alles.

Bobby wuffte höchst erfreut und wedelte mit seinem winzigen Schwänzchen.

„Hallo, Karo!", rief Felix. „Bist du heute ganz allein unterwegs?"

Karolina nickte. „Ja. Muss auch mal sein." Sie streichelte Bobby und hoffte, dass Felix jetzt nicht weiter nachbohrte. Schließlich musste er nicht alles wissen.

„Würde es dir etwas ausmachen, Bobby mitzunehmen?", fragte Felix. „Ich habe gleich das Vorgespräch für einen Auftritt und muss vorher noch schnell eine neue Nummer ausprobieren."

Eigentlich hatte Karolina keine Lust, Babysitter zu spielen. Sie war immer noch stocksauer auf Tom. Aber daran waren weder Bobby noch Felix schuld.

„Schon okay", sagte sie. „Schnuppe und Bobby können sich ja glücklicherweise gut leiden."

Felix wirkte erleichtert. „Mit Moses klappt es nicht so gut. Der ist halt tierisch eifersüchtig. Er spuckt wütend herum und Bobby knurrt zurück wie ein waschechter Wolf."

Karolina musste kichern. Dieses verrückte Schauspiel konnte sie sich lebhaft vorstellen.

Sie hob Bobby auf den Sattel und trabte einfach los ins Blaue. Mit der linken Hand hielt sie die Zügel, mit der rechten hielt sie Bobby fest, damit der Kleine nicht hinunterrutschte.

Nachdem sie so eine ganze Weile über bunte Blumenwiesen und durch den Wald geritten war, stellte sie zu ihrer eigenen Überraschung fest, dass sie wieder an der Schule angekommen war. Wie verrückt!

Sie wollte gerade umdrehen, da sah sie plötzlich einen fremden Jungen im Baumhaus. Atemlos beobachtete sie, wie er die Strickleiter hinunterkletterte und zum Schulgebäude lief. Er holte einen Schlüssel aus seiner Hosentasche, sperrte die Schultür auf und verschwand im Haus.

„Echt krass!", keuchte Karolina und gab Schnuppe die Sporen. „Das muss ich mir genauer ansehen. Was sagst du dazu, Bobby?"

Ein dreister Dieb

„Wuff, wuff, wuff!", antwortete Bobby. Das hörte sich ziemlich abenteuerlustig an.

„Genau", stimmte Karolina zu. „Wir sind nämlich gar nicht zimperlich."

Im Schritttempo lenkte sie ihre Stute auf den Schulhof bis zum Buddelkastenstrand und stieg ab. „Warte hier, Schnuppe. Und benimm dich. Wir zwei sind mal kurz in der Schule."

Der Schlüssel steckte noch im Schloss, die Tür war nur angelehnt. Bobby peste mit der Nase voran los, und Karo hatte Mühe, ihn zu bändigen. „Langsam, Bobby!", mahnte sie. „Sonst werden wir erwischt."

Die Dienstwohnung vom Hausmeister befand sich auf der Rückseite der Schule. Karolina hoffte, dass er nicht plötzlich auftauchte.

„Wetten, der Junge ist ein Dieb?", flüsterte sie Bobby zu. „Ich habe es doch gleich gesagt! Den Entführerquatsch habe ich keine Sekunde geglaubt." Sie schlich an der Wand entlang in Richtung Lehrerzimmer. Die Tür stand offen.

„Irre!", sagte Karolina und vergaß vor lauter Aufregung, leise zu sprechen. „Der Junge klaut wirklich unsere Hefte." Denn etwas anderes als stapelweise Schulhefte und trockene Kekse gab es in einem Lehrerzimmer ja nicht zu holen.

Bobby begann zu winseln und zog ungeduldig an der Leine.

„Du wirst mal Polizeihund, wenn du groß bist", kicherte Karolina. „Ich stell dich Papa vor, wenn er wieder arbeiten geht." Karolinas Vater war Verkehrspolizist. Gerade war er allerdings hauptberuflich Kleiner-Bruder-auf-dem-Arm-Herumschlepper.

Karolina näherte sich auf Zehenspitzen der geöffneten Tür und lugte um die Ecke.

Was sie sah, verschlug ihr den Atem. Der fremde Junge saß im Schneidersitz auf dem Lehrertisch, mampfte Kekse, trank Cola, die er sich bestimmt aus

dem Lehrerkühlschrank gemopst hatte, und las gespannt die Aufsatzhefte ihrer Klasse durch. Karo erkannte sie an den farbigen Schutzumschlägen.

Meine abenteuerlichen Ferien war das Thema, das Frau Wetterstein ihnen gestellt hatte.

Karolina hatte berichtet, wie Schnuppe verschwunden war und sie die Stute bei Bauer Brims im Stall wiedergefunden hatte. Auch wenn sie sonst nicht so gern Aufsätze schrieb – diesen fand sie richtig gelungen, und sie hoffte, dass Frau Wetterstein ihr dafür eine gute Note gab.

Plötzlich kicherte der Junge. *„Schnuppe"*, sagte er spöttisch. „Was für ein alberner Name für ein Pferd!"

„Aaaah!" Karolina kreischte wutentbrannt auf. Der Witzbold machte sich doch tatsächlich über ihr Pferd lustig!

Sie warf sich mit Gebrüll auf den Jungen und riss ihm ihr Aufsatzheft aus der Hand. „Ich glaub's dir wohl!", schrie sie völlig aufgebracht. „Hefte klauen und sich dann noch darüber lustig machen. So nicht, Freundchen!"

Bobby bellte unterstützend aus voller Kehle und sprang wie ein Flummi auf und ab.

„Was geht dich das an?", verteidigte sich der Junge. „Ich kann so viel lachen, wie ich will."

Bobby begann, gefährlich zu knurren.

Der Junge sah ihn ängstlich an und rutschte auf seinem Po quer über die Tischplatte ans andere Ende. „Nimm den Beißer weg", sagte er unsicher. „Der braucht einen Maulkorb."

„Der hat doch noch Milchzähne, du Schisser. Aber sich über mein Pferd lustig machen!" Karo stampfte energisch mit dem Fuß auf. „Ich hole jetzt Herrn Krabbe. So."

Aber in diesem Augenblick stürzte der Hausmeister schon von ganz allein herein. Der Junge flüchtete sich kopfüber unter einen der Tische.

„Was geht hier vor?", brüllte die Krabbe. Der Hausmeister erblickte Karolina und nahm sie in die Zange. Seine riesigen Arme umfassten sie wie scharfe Scheren und quetschten sie zusammen. „Auuaaa!", heulte Karolina los. „Lassen Sie mich sofort los!"

„Nix da, du Früchtchen!", brüllte die hochrote Krabbe. „Ich rufe den Herrn Direktor an." Der Hausmeister hielt Karolina mit dem rechten Arm umklammert, während er mit der linken Hand sein Handy aus der Hosentasche klaubte.

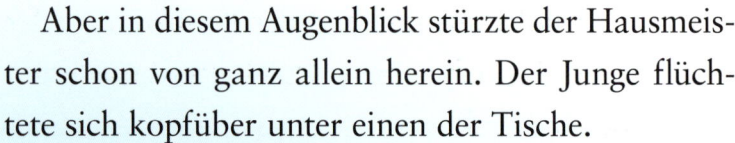

Karolina holte aus und trat der Krabbe mit aller Kraft gegen das Schienbein. Das hatte sie sich von Schnuppe abgeguckt.

„Uuuuuh!" Der Hausmeister ließ Karolina los und tanzte auf einem Bein durch das Lehrerzimmer. Bobby jagte ihm begeistert hinterher und schnappte nach seinem Hosenbein.

„Hunde sind im Schulgebäude streng verboten", keuchte die Krabbe. „Zusammen mit dem Einbruch gibt das auf jeden Fall zwei Wochen Schulverbot für dich."

Jetzt riss Karolina der Geduldsfaden. „Aber ich bin doch gar nicht der Einbrecher, Herr Krabbe. Sondern der fremde Junge da unter dem Tisch", stieß sie atemlos hervor. „Ich habe ihn eben auf frischer Tat ertappt."

Der Hausmeister stutzte und lugte dann unter den Tisch. „Willi!", rief er entsetzt. „Was machst du denn hier im Lehrerzimmer?"

Im selben Moment fegten die Zwillinge mit Lille, Fee und Maja herein.

„Karo!", rief Lille. „Alles okay?" Sie legte den Arm schützend um Karolinas Schulter.

„Bobby, bei Fuß!", befahl Tom dem Welpen, der immer noch am Hosenbein von Krabbe hing. Bobby dachte nicht daran loszulassen, aber Tim schnappte ihn sich einfach und nahm ihn auf den Arm.

„Ich hatte von Anfang an Recht!", rief Karolina triumphierend und ballte ihre Faust. „Der Junge hier hat sich unsere Aufsatzhefte unter den Nagel gerissen. Und er hat die Cola der Lehrer ausgetrunken und –", sie machte extra eine Kunstpause, „er hat einen Schlüssel geklaut, mit dem er die Schultür aufschließen kann." Karo grinste wie ein Honigkuchenpferd. „Und jetzt können Sie gern den Herrn Direktor anrufen, Herr Krabbe."

Die Krabbe sieht rot

„Aber das ist doch Willi", sagte der Hausmeister verdattert. „Mein Neffe! Was hast du wieder angestellt, du Schlingel?", schimpfte er los. Er schnappte sich Willis Arm und zog ihn unter dem Tisch hervor.

„Auu!", jaulte Willi.

„Auu!", jaulte Bobby mit und knurrte den Hausmeister böse an.

„Was machen Sie denn da, Herr Krabbe?", brüllte Fee empört. „Das tut doch weh!"

Willi rappelte sich mit hochrotem Kopf auf. „Tut mir leid, Onkel", sagte er zerknirscht. „Aber mir war so langweilig. Die Aufsätze sind echt witzig." Er zwinkerte Karolina verstohlen zu. „Und der Kühlschrank steht so voller Cola, dass ich dachte, keiner merkt es, wenn ich mir eine Flasche nehme."

Wie er so mit hängenden Schultern dastand, tat er Karolina plötzlich leid. Die Krabbe als Onkel zu haben, war sicher nicht besonders lustig.

„Wir haben dich für einen Entführer gehalten, der es auf jemanden aus der Schule abgesehen hat", sagte Maja. „Wir haben nämlich dein tolles Versteck enttarnt. Alle Indizien sprachen gegen dich." Sie klang ein wenig ungehalten, weil sich ihr Verdacht in Luft aufgelöst hatte. Ein Junge, der den Lehrern Cola klaute und in fremden Aufsatzheften las, war dagegen nicht wirklich ein großer Fisch.

„Welches Versteck?", horchte Krabbe auf. Willi legte hinter Krabbes Rücken einen Finger auf die Lippen und sah Maja bittend an.

„Irgendein Versteck. Nicht wichtig", antwortete Maja knapp. Da traute sich selbst der Hausmeister nicht nachzuhaken.

„Musst du gar nicht zur Schule?", fragte Tom.

Willi schüttelte den Kopf. „Nee, meine Mutter und ich wohnen in Bayern. Da sind noch zwei Wochen Ferien. Weil meine Mutter arbeiten muss, hat Onkel Bernie erlaubt, dass ich solange bei ihm wohne."

Die Krabbe hieß also „Bernie" mit Vornamen. Das passte ja so gar nicht zu ihm, fand Maja.

„Wie habt ihr mich eigentlich gefunden?", fragte Karolina neugierig. „Ich hab doch niemandem erzählt, wohin ich reite."

„Wir sind nicht nach Hause gegangen, weil wir das Baum… äh, das *Versteck* observieren wollten", erklärte Tom. „Dabei haben wir Schnuppe entdeckt, ganz allein am Sandstrand. Und als wir die offene Schultür sahen, wussten wir, es ist höchste Eisenbahn, die Bude zu stürmen."

„Nett", sagte Karolina. Mehr nicht. Ein ganz winziges bisschen war sie immer noch eingeschnappt.

„Ist doch Ehrensache, dass wir dich retten", sagte Tom. „Obwohl das natürlich gar nicht nötig gewesen wäre. Du hattest ja alles voll im Griff."

„Stimmt." Karo lächelte ihn versöhnt an.

„Stimmt", sagte auch Willi. „Ich bin echt erschrocken, als du hier reingestürmt bist. Du hast total wild geguckt."

Karolina strahlte. „Wild gucken kann ich gut", sagte sie geschmeichelt.

„Und was mache ich jetzt mit dir, Bürschchen?", polterte die Krabbe los. „Nur Ärger mit dem jungen Gemüse. Ich werde dich wohl wieder nach Hause zu deiner Mutter schicken müssen."

„Bitte nicht", sagte Willi schnell. „Jetzt wird es hier doch gerade erst so richtig lustig." Er sah seinen Onkel flehend an.

„Komm doch mal bei uns vorbei", schlug Karo vor. „Wir haben ganz viele Tiere auf dem Sternenhof und die beißen garantiert nicht. Bis auf Majas verrückte Hühner natürlich … und meinen kleinen Bruder Lasse."

Alle lachten, selbst die Krabbe zog einen Mundwinkel nach oben.

„Total gerne!", sagte Willi strahlend. „Darf ich, Onkel Bernie?"

„Ach, du machst doch sowieso, was du willst", brummte die Krabbe.

„Genial!", rief Willi.

Er streckte die Hand aus und alle schlugen ein. Bis auf die Krabbe natürlich. Selbst Bobby hob ein Bein – um urplötzlich auf ein Aufsatzheft zu pinkeln. Aber das sah zum Glück niemand.

„Ähm, ich hätte da noch eine Frage, Willi", sagte Tim plötzlich. „Hast du morgen zufällig schon was vor? Bei uns zu Hause ist es gerade schlecht mit Bobbysitten und so … Tom und ich müssen immer schauen, wo der Kleine vormittags bleibt."

Willi grinste. „Kein Problem. Jetzt weiß ich ja, dass er harmlos ist. Bringt ihn morgen Früh doch einfach mit und dann übernehme ich."

Die Zwillinge waren sichtlich erleichtert.

„Perfekt!", sagte Tim fröhlich. „Das ist total nett von dir. Hab ich Recht, Bobby?"

„Wuff", antwortete Bobby. Und als Willi schüchtern seine Hand nach ihm ausstreckte, lief Bobby schwanzwedelnd herbei und schleckte sie begeistert ab.

Bobbysitting

Im Laufe der Woche zeigte sich, dass der Plan der Kinder super funktionierte. Nach und nach kam zwar der halbe Schulbus dahinter, welches kleine Geheimnis die Zwillinge verbargen, aber alle halfen tatkräftig mit, den Busfahrer weiter an der Nase herumzuführen.

Bobby und Willi freundeten sich richtig gut an. Morgens konnte es Willi gar nicht erwarten, dass die Zwillinge mit Bobby aus dem Schulbus stiegen. Und Bobby jaulte schon immer ganz erwartungsvoll unter der Jacke von Tim oder Tom, die ihn abwechselnd versteckten.

Willi und Bobby verstanden sich sogar so gut, dass Tom sich ein wenig zusammenreißen musste, um nicht eifersüchtig zu sein.

„Wenn du willst, kannst du Schnuppe striegeln", bot Karolina ihm großzügig an. „Die hat mal wieder total viele Kletten im Fell."

Willis Langeweile war wie weggeblasen und mit jedem Tag machte ihm seine neue Aufgabe mehr Spaß.

Er rannte mit Bobby quer durch den Wald und brachte ihm bei, wie man Tannenzapfen apportiert, ohne sie zu zerbeißen. Gemeinsam mampften sie ihr Mittagessen auf einer Baumwurzel unter der alten Buche: Bobby seinen Hundekuchen und Willi, was auch immer Onkel Bernie – also die Krabbe – ihm mitgegeben hatte. Meist dachte Willi dann, dass der

Hundekuchen von Bobby leckerer aussah. Aber immerhin schien selbst die Krabbe Bobby in sein Herz zu schließen. Denn wie er zugab, hätte er als kleiner Junge selbst furchtbar gern einen Hund gehabt.

Das Baumhaus hingegen blieb verwaist – Bobby hatte offenbar Höhenangst. Als Willi den Welpen einmal mit hinaufnehmen wollte, fing er an, wie eine Sirene zu heulen. Nicht mal mit Hundekeksen konnte Willi ihm die schöne Aussicht schmackhaft machen.

Dafür entpuppte sich Bobby als richtiger Clown.

Als Willi am Freitag mit Bobby und den Zwillingen zum Apfelkuchen-Essen auf dem Sternenhof eingeladen war, erzählte er stolz, was für Späße er mit dem Welpen eintrainiert hatte.

„Bobby und ich können auf Befehl losheulen und uns gegenseitig trösten", behauptete er.

„Quark!", widersprach Maja. „So kleine Hunde kann man doch noch gar nicht trainieren. Die müssen vorher in die Hundeschule."

„Wetten doch?", meinte Willi mit einem Grinsen.

„Wetten nicht?", hielt Maja dagegen.

Normalerweise wettete Maja nie. Sie verließ sich lieber auf Fakten. Aber diesmal war sie ganz sicher, dass Willi nur angeben wollte.

„Okay!", rief Willi vergnügt. „Los, Bobby! Wir zeigen es Maja!"

Er schnappte sich den ausgelassen herumtollenden Bobby und rannte mit ihm auf die Wiese.

Sämtliche Sternenhofbewohner folgten ihm gespannt, selbst Moses eierte Schwänzchen wackelnd hinterher. Besonders geheuer schien ihm dieses quirlige und krachmachende Fell-Ungetüm allerdings immer noch nicht. Und sobald Bobby ihm zu nahe kam, quiekte er hysterisch auf.

Trotzdem rannte er dem Welpen ständig neugierig hinterher, um ja nichts zu verpassen.

Dieses Schwein soll mal einer verstehen, dachte Lille kopfschüttelnd.

Als alle versammelt waren, setzte Willi sich im Schneidersitz neben Bobby ins Gras. Dann wischte er sich mit den Handflächen übers Gesicht und jammerte theatralisch: „Oh, was sind wir traurig! Wir sind ja so furchtbar traurig!" Er rieb sich die Augen.

Bobby setzte sich auf die Hinterbeine und fing wie auf Kommando herzzerreißend zu jaulen an.

„Was sind wir trauuuurig!", klagte Willi dramatisch.

„Uiiiiiiii!", stimmte Bobby mit ein. Er hob die linke Pfote und wischte sich über die Augen. „Uiiiiiiii!"

Willi schauspielerte ein Schluchzen und Bobby klapperte mit den Milchzähnen und seufzte dabei fast wie Willi. Und dann wischte er sich auch noch mit der rechten Pfote über die Schnauze.

„Krass!", rief Fee. „So etwas habe ich ja noch nie gesehen." Sie war plötzlich ganz aufgeregt. „Ob ich das Faust auch beibringen könnte? Schlau genug ist er auf jeden Fall."

Tim bekam einen Lachanfall. „Du kannst es ja versuchen. Vielleicht so: Faust trainiert im Laufrad und wischt sich zwischendurch mit der Pfote den Schweiß von der Stirn ab."

Dann musste Tim jedoch schnell abtauchen, weil Fee ihm eine Kopfnuss verpassen wollte.

„Du Doofmann! Ich meine das ganz ernst!", rief sie aufgebracht.

„Ich auch", sagte Tim lachend.

Maja schüttelte nur den Kopf über das ganze Gezanke und wandte sich wieder an Willi. „Bis hierher sehr beeindruckend, deine Vorstellung", gab sie ehrlich zu. „Aber jetzt noch das Trösten. Wie geht das?"

Willi grinste. „Och, das ist unsere leichteste Übung." Er krabbelte auf allen vieren auf Bobby zu, streckte die Zunge heraus und tat so, als ob er ihm das Gesicht lecken wollte.

Bobby bellte entzückt und wischte Willi mit seiner Zunge liebevoll über die Nase.

„Iiiii, pfui!", kreischte Karolina.

Aber alle anderen klatschten und trampelten wie verrückt. Selbst Moses schien die Vorstellung sehr gefallen zu haben. Zur großen Überraschung aller wackelte er auf Bobby zu und stupste ihn freundlich mit der Nase an.

Und Bobby stupste vorsichtig zurück.

„Ich geh mich dann wohl mal waschen!", rief Willi und verschwand unter großem Gelächter im Haus.

Der Nachmittag verging wie im Nu und selbst Felix zeigte sich schwer beeindruckt von Willis Dressurnummer. „Du hast wirklich ein gutes Händchen für Tiere", lobte er ihn.

Willi wurde ganz rot vor Freude, und selbst Maja gab gnädig zu, dass sie ihre Wette verloren hatte. Zum Glück hatten sie in der Aufregung vergessen, einen Einsatz festzulegen. So war sie noch einmal glimpflich davongekommen.

Als es schließlich Abend wurde, hatte Willi gar keine Lust, in die Schule zurückzufahren.

Deshalb rief Felix kurzerhand die Krabbe an und handelte aus, dass Willi auf dem Sternenhof übernachten durfte – im Heu bei Moses und Schnuppe!

„Aber Bobby nehmen wir mit!", riefen die Zwillinge. „Du hattest ihn schließlich schon die ganze Woche."

Ein Held im Hühnerstall

Tim und Tom wanderten mit Taschenlampen zurück auf den Schweinehof. Bobby kannte nach dieser Woche bereits jedes Kaninchenloch auf dem Acker und buddelte mit Begeisterung an jeder Ecke. Deshalb dauerte es über eine Stunde, bis die drei endlich auf Bauer Brims' Hof ankamen.

In der Einfahrt und den Stallgebäuden war alles mucksmäuschenstill.

„Bestimmt ist Papa schon im Bett", sagte Tom.

Herr Brims ging normalerweise mit den Hühnern schlafen und stand beim ersten Krähen des Hahns wieder auf.

„Ein Problem weniger", antwortete Tim. „Trotzdem müssen wir uns langsam mal überlegen, wie wir ihm Bobby unterjubeln sollen. Felix hat mich vorhin auch noch mal danach gefragt." Die Brüder seufzten im Chor und Bobby seufzte mit, als ob er jedes Wort verstanden hätte.

Als die drei auf leisen Sohlen am Hühnerstall vorbeiliefen, hob Hofhund Ajax, der bisher friedlich vor seine Hütte gedöst hatte, plötzlich den Kopf. Er schaute nach links, er schaute nach rechts, und dann begann er so laut und heiser zu bellen, dass den Zwillingen vor Schreck das Herz in die Hose rutschte.

„Ajax, still!", rief Tim entsetzt. Aber Ajax bellte nur noch lauter und riss wie verrückt an seiner Kette.

„Was ist denn *hier* los?" Bauer Brims stürmte in langen Unterhosen und Badelatschen auf den Hof und schwenkte eine riesige Taschenlampe. Ihr Schein war so hell wie das

Flutlicht auf dem Fußballplatz. So kam es jedenfalls Tim und Tom vor.

„Papa!", keuchte Tim.

„Bobby!", keuchte Tom.

Wie auf Kommando gab Bobby Fersengeld und sauste schneller als der Wind los. Mit fliegenden Ohren verschwand er im Hühnerstall. Gerade noch rechtzeitig! Denn im selben Moment erfasste der Lichtkegel der Taschenlampe die Zwillinge.

Bauer Brims schaute seine Söhne erstaunt an. „Was schleicht ihr denn wie die Diebe über den Hof?", murrte er. „Lasst doch unserem alten Ajax seinen verdienten Schlaf."

„Wir haben nichts angestellt, Papa!", riefen die Zwillinge gleichzeitig.

„Wer's glaubt, wird selig", brummte der Bauer. Er starrte die beiden nachdenklich an. „Ich kann mir nicht helfen", sagte er. „Ihr guckt, als hättet ihr was ausgefressen. Also los, ab in die Federn! Und dann will ich keinen Mucks mehr hören."

Er schlurfte hinüber zu Ajax, der immer noch leise vor sich hin knurrte. „Ist ja gut." Bauer Brims tätschelte seinen Hals. „Haben die beiden dich aufgeweckt? Dabei brauchen wir zwei doch unseren Schlaf, nicht wahr?" Er warf den Zwillingen einen strengen Blick zu. „Worauf wartet ihr noch? Ab in die Falle!" Er sah ihnen nach, bis oben das Licht anging und er sicher sein konnte, dass die Jungs in ihrem Zimmer waren.

„Was sollen wir denn jetzt machen?", fragte Tom und starrte verzweifelt aus dem Fenster in den stockfinsteren Hof.

„Nichts", antwortete Tim. „So wie Ajax gerade drauf ist, können wir Bobby nicht aus dem Hühnerstall holen. Anscheinend hat Ajax Bobby gewittert. Oder warum hat er sonst so gebellt?"

Tom zuckte mit den Schultern. „Keine Ahnung. Aber er hat doch vorher auch nicht so stark auf ihn reagiert. Vielleicht hat er etwas gehört …"

Tim sah seinen Bruder zweifelnd an. „Was soll das gewesen sein? Es war mucksmäuschenstill. Wie immer. Ich glaube, der Arme sieht inzwischen Gespenster. Kein Wunder – so uralt, wie er ist. Lass uns jetzt erst mal schlafen gehen und uns morgen ganz früh rausschleichen."

„Einverstanden. Ich stelle den Wecker auf halb sechs", sagte Tom. „Irgendwie müssen wir es schaffen, Bobby morgen an Papa vorbeizuschmuggeln. Sonst gibt's den Ärger unseres Lebens."

Tim nickte bedrückt. Bobbys Versteck durfte auf keinen Fall auffliegen. Darin waren sich die Zwillinge einig.

Aber in einem hatten sich die Zwillinge geirrt: Denn leider hatte Ajax keine Gespenster gesehen. Trotz seiner vierzehn Jahre war er immer noch ein schlauer

Wachhund und hatte nicht ihren Bobby angebellt, sondern einen Fuchs gewittert und ihn mit seinem Gebell vertreiben wollen.

Doch der gerissene Räuber hatte nicht vor, so schnell aufzugeben.

In den frühen Morgenstunden kam er zurück auf den Hof. Und dieses Mal hörte ihn niemand – selbst Ajax nicht, der sich müde vom vielen Bellen in seine Hundehütte verzogen hatte.

Auf leisen Pfoten schlich der Fuchs an Ajax vorbei und verschwand im Hühnerstall, wo Hahn Cäsar und sein Hühnerhaufen friedlich schliefen.

Bobby, der es sich unter dem Federvieh im Heu gemütlich gemacht hatte und vermutlich von einem Kaninchenloch träumte, wachte auf und schnupperte in die Dunkelheit. Genau im selben Moment setzte der Fuchs zum Sprung an.

Bobby stemmte die Pfoten ins Heu und knurrte den überraschten Fuchs an wie ein gefährlicher Wolf. Der Fuchs wich verunsichert zurück. Gleichzeitig begannen die Hühner auf der Stange aus voller Kehle um ihr Leben zu gackern, während Bobby sich die Seele aus dem Leib bellte und Cäsar so laut krähte, dass selbst die schlafenden Tauben in den Bäumen aufstoben.

Mit einer einzigen Hahnenfeder als Beute suchte der Fuchs das Weite. Bauer Brims, der alarmiert herbeigeeilt kam, sah nur noch seine beeindruckende rotbraune Rute, bevor er sich ins nahe Wäldchen flüchtete.

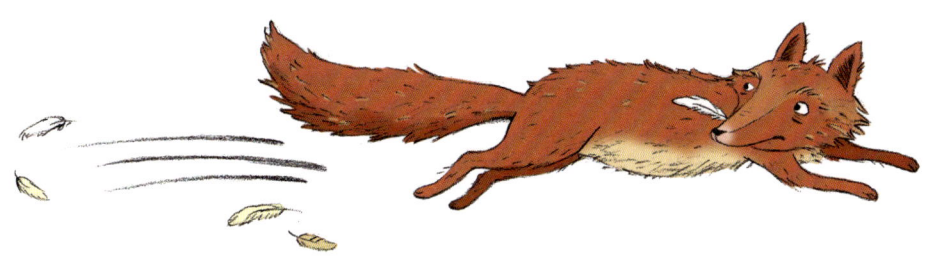

Als die Zwillinge den Stall erreichten, war das ganze Schauspiel schon vorbei. Dafür schoss Bobby wie ein Flummi aus dem Hühnerstall und sprang den Jungs direkt in die Arme.

Tom wurde vor Aufregung richtig schlecht und auch Tim musste heftig schlucken. Denn jetzt blieb ihnen nichts anderes übrig, als ihrem Vater die Wahrheit zu sagen.

Als alles heraus war, sprach Bauer Brims eine ganze Weile lang nicht. Stattdessen starrte er gedankenverloren auf die Hundehütte.

Erschöpft von der Aufregung des Vorabends, schlief der brave alte Ajax immer noch tief und fest.

„Nun ja. Einen tüchtigen Wachhund kann ein Bauernhof immer gebrauchen", sagte Brims schließlich. Er nickte anerkennend. „So ein Racker. Ist ja offenbar ein echtes Naturtalent. Und ein Hühnerfreund dazu." Dann lachte er und spendierte dem Welpen als Dankeschön eine richtig leckere Wurst aus der Speisekammer.

Am nächsten Tag trafen sich die Kinder am See.

Maja, Lille, Karo und Fee, die Zwillinge und Willi: Alle waren gekommen.

„Jetzt haben wir endlich alle unsere eigenen Tiere", freute sich Karolina, als die Zwillinge von ihrer aufregenden Nacht berichteten.

„Ich nicht", widersprach Willi. „Aber dafür liegt ein echtes Dinosaurier-Ei bei mir zu Hause in der Schublade. Irgendwann schlüpft daraus ein Dino, da bin ich ganz sicher. Und der verjagt alle Füchse dieser Welt und meine Lehrer dazu." Er grinste verschmitzt und zwinkerte den anderen zu.

„Bis dahin kannst du dir ja mein Krokodil ausleihen!", rief Maja und sprang auf. „Wer als Erstes im Wasser ist!" Und dann zogen sich alle sieben bis auf die Badesachen aus und rannten um die Wette in den smaragdgrünen See.